教育部人文社会科学研究规划基金项目资助（12YJA630167）

政策扶持、政府庇荫与自主品牌缺失

基于中国轿车产业的研究

杨东进　著

暨南大学出版社
JINAN UNIVERSITY PRESS

中国·广州

图书在版编目（CIP）数据

政策扶持、政府庇荫与自主品牌缺失：基于中国轿车产业的研究 /
杨东进著 . —广州：暨南大学出版社，2015.5
ISBN 978 - 7 - 5668 - 1412 - 8

Ⅰ.①政… Ⅱ.①杨… Ⅲ.①汽车工业—工业发展—研究—中国
Ⅳ.①F426.471

中国版本图书馆 CIP 数据核字（2015）第 083535 号

出版发行：暨南大学出版社

地　　址：	中国广州暨南大学
电　　话：	总编室（8620）85221601
	营销部（8620）85225284　85228291　85228292（邮购）
传　　真：	（8620）85221583（办公室）　　85223774（营销部）
邮　　编：	510630
网　　址：	http：//www.jnupress.com　http：//press.jnu.edu.cn

排　　版：	广州良弓广告有限公司
印　　刷：	佛山市浩文彩色印刷有限公司

开　　本：	787mm×960mm　1/16
印　　张：	9.75
字　　数：	170 千
版　　次：	2015 年 5 月第 1 版
印　　次：	2015 年 5 月第 1 次

定　　价：28.00 元

（暨大版图书如有印装质量问题，请与出版社总编室联系调换）

目　录

第一章

导　论

以 1953 年第一汽车制造厂建成为标志，至 2013 年，中国汽车产业走过 60 年历史。随着越来越多的轿车"飞入寻常百姓家"，中国汽车产业的影响日益加大，自主品牌问题也受到了众多关注，尤其令中国汽车业有关专家、企业人士难以释怀。在全球经济一体化的背景下，中国汽车业还要不要发展自主品牌，还能不能发展自主品牌，怎样去发展自主品牌，甚至什么是自主品牌，这些都成为近年来业界和社会谈论的热门话题。2003 年10 月，一汽集团前董事长、总经理耿昭杰与某报记者的长篇对话《没有品牌，造多少车都是别人的辉煌》[1]掀起这场争论的高潮，这种对中国汽车自主品牌的关注持续至今未衰。对于中国汽车产业而言，自主开发和自主品牌似乎是一个永恒的话题，然而，稍加分析就会发现，这可能并不是一个永恒的话题，也许不久后的某一天，我们会失掉谈论这一话题的资格。福特汽车公司首席运营官谢尼克说：汽车产业最为追求经济奇迹和民族自豪感的国家所看中。的确，汽车产业是一个国家工业发展的名片，造出具有自主知识产权、自主品牌的好车是所有中国人的梦想。本书即以自主品牌这一当前颇受关注的话题为切入点，从政府庇荫与自主品牌相关关系这一视角出发，对中国汽车产业特别是轿车产业的发展历史、现状进行实证分析，并提出自己的建议。

第一节　研究背景

一、时代背景

2010 年，全球汽车产量达到 7 760.99 万辆，中国汽车产销量分别达到1 826.47 万辆和 1 806.19 万辆，中国汽车产量所占比例达到23.5%，居全球第一。但在全年 949.43 万辆的轿车销售中，具有中国自主品牌的轿车销量近 300 万辆，也就是说，国外轿车品牌主导了近 70% 的中国轿车市场。[2]现阶段中国汽车企业的自主创新能力仍然较为欠缺，在市场竞争中往往依靠其他方式去维持企业的竞争力，如加大营销投入力度、对汽车的外观设计进行改进等，但在自主创新能力培养方面的投入较少，从而导致了自主创新能力和企业绩效之间关联度不高的情况。[3]从 2002 年开始，国内众多的大型轿车厂家不约而同地采用 KD① 方式快速组装产品上市，甚至有的厂家以能 KD 为荣，这正是自我开发、自主品牌意识淡化的有力证明。到 2003 年情况继续恶化，2003 年上市的数十款新车，大部分是合资公司通过 CKD 和 SKD 的方式快速推向市场的，轿车产品开发和上市的重要环节，基本上控制在外商手里。全世界汽车企业是"6 + 3"格局，即以通用、福特、戴克、大众、雷诺、丰田为首的六大汽车集团和雪铁龙、本田、宝马三大独立汽车生产商。这九大汽车企业都已进驻中国汽车生产领域与消费市场。中国的汽车企业尤其是国有企业沦为外国跨国公司附庸的危险至今依然存在。经济学家张维迎发出警告，中国的市场开放和外资引进，不能演化为这样的场景：开放形成一个舞台，但是自己的演员都被赶下台，让外国人演戏，舞台是我们的，但自己人都是跑龙套，主角都是别人，成为一出没有中国演员的中国剧。[4]

与合资企业相反，就在很多被政府认为是中国轿车产业中坚力量的大型国有轿车企业热衷于 KD 之时，奇瑞、吉利、比亚迪等受国家产业政策忽视的、具有自主品牌的地方、民营企业却实现了国人自主品牌轿车出口或到外国投资设厂的夙愿。这可谓是具有中国特色的中国轿车产业的"二元"现象。

二、理论背景

弥补市场失灵和保护幼稚产业是政府干预或扶持某些企业的主要动因，但是备受政府干预或扶持的汽车、电信、石油化工、铁路等国有企业的表现并不令国人满意，政策扶持并未完全如愿地转化为产业健康发展的动力，大型国企的寻租、漠视社会公共福利现象依然存在。这种现象在中国汽车产业表现得尤其突出：尽管政府愿望良好，但是政府对国有汽车企业的长期保护事与愿违，不但未能促进中国汽车自主品牌的成长，反而令国有汽车企业失去自主品牌，"中国制造"成为"中国加工"。

基于这一现象，学者对政府干预、政策扶持及其负效应的研究很多。现有研究主要分三条主线：一是对中国国情的洞察与描述，像张维迎[5]、

---

① KD, Knocked Down 的缩写，指的是散件组装，即通过进口产品的散件，在进口国组装整件产品，并就地销售的一种国际贸易方式。KD 不是一种单纯的贸易方式，而是一种集生产、技术引进和贸易为一体的综合贸易方式。KD 分为 CKD（全散件组装）和 SKD（半散件组装）两种方式。

林毅夫[6]等学者从 2001 年开始就指出中国的企业家要依赖政府，没有政府的扶持不能成事、不能发展，并持续呼吁限制政府经济职能的非理性扩张；二是基于 RBV 视角的学术探讨，在 Burt（1992）[7]等有关企业社会资本研究的基础上，边燕杰与丘海雄[8]、张建君与张志学[9]、Faccio 等[10]、石军伟等[11]、胡旭阳与史晋川[12]、江诗松等[13]把企业与政府（或政府官员）的亲密关系（一种政治资源）作为企业社会资本的主要构成因素来研究，指出企业与政府的特殊关系可以为企业带来经营绩效的提升，并使其在市场竞争成败中发挥着决定性作用；三是有关政府、政府干预或产业政策对中国汽车产业影响的研究，路风与封凯栋[14]、江飞涛与李晓萍[15]等对产业政策"偏爱"大型国有企业进行批评，认为政府直接干预市场与限制竞争对产业的健康发展存在一定的阻滞作用，进而认为民营企业是推动中国自主品牌汽车成长的主要力量。三条主线主要应用的理论包括代理理论、RBV、公共选择理论、企业政治战略和经济转轨理论，第一条和第三条主线紧扣中国国情与行业情境，第二条主线指出了研究领域与方向。但是，诚如陈晓萍、徐淑英和樊景立所言，中国情境下的管理研究普遍存在"情境化"和切题性不足的问题。[16]特别是在中国特色语境和转轨经济条件下，把政府干预与政策扶持当作企业的一种社会资本，不同层次代理人的目标不一致固然是合理的解释视角，但是这种基于企业层面的分析难以宏观解释产业层面的整体发展状况。具体到中国汽车产业，现有研究对全行业自主品牌发展不足与政策扶持的讨论缺乏一个更紧扣中国国情、更有洞察力的构念和视角，因此仍有寻找新的视角和切入点、提高解释力度、深化机理分析、具体量化的必要。

匈牙利经济学家科尔乃在研究国有经济时用"父爱主义"描述在计划经济体制下政府对人们衣食住行、生老病死无微不至的包揽。李培林等[17]则进一步以"母爱主义"来描述政府对国有企业的行为，国家对国有企业的过度宽容导致它们就像被母亲偏爱和宠坏的孩子：不但享受各种特殊政策和垄断资源，甚至还可以有各种"撒娇行为"，在利税和各种经营指标上不断地讨价还价，严重亏损时亦没有必要的惩罚手段。

对个人而言，父亲无微不至的包揽和母亲的过度宽容与偏爱其实就是一种家族庇荫。家族庇荫虽然具有资源优势的正面作用，但是往往被滥用而成为个人成长和社会发展的负资产。个人如此，企业亦然。本来国有企业的根本性质就是兼善天下，甚至必须是"专善天下"，[18]但是受庇荫国有企业的现实表现往往并非如此。中国汽车产业"市场换技术"政策未能如愿促进自主品牌的发展，主要原因是政府对一些大型国有企业长期的政策扶持转变成企业的政治资源并形成政府庇荫，这种庇荫为企业找到"有实力的靠山"，营造了一个类似温室般的舒适环境，一定程度上屏蔽了竞争，令它们失去生存的压力和通过竞争谋求自主创新的动力。初步可见，"庇荫"① 一词对在中国语境下研究企业行为具有良好的解释力，因此，本研究形成一个构念：政府庇荫。

在市场经济条件下，直接经营、政府管制、宏观调控、"守夜人"等是政府实施其经济职能的主要手段。政府庇荫是指政府实施其经济职能时，对部分企业施加的带有父爱主义或母爱主义色彩的影响，而企业出于个体理性可利用这种影响实现与政府目标不一致的自身利益。政府干预、政府俘获（State Capture）、政府庇荫、政治资源四个概念既有区别又有联系：政府干预或政策扶持某一产业的主要动因是弥补市场失灵和保护幼稚产业，具有合法性与合理性；政府俘获是企业向公共官员进行非法的、不透明的私人支付，以期影响政府机构的法律、规则、规章或者命令的制定，是企业获得政府庇荫和政治资源的手段；[19] 政治资源则是企业寻求政府庇荫、进行政府俘获的目的。需要特别辨析的是，政府干预或政策扶持往往"对事不对人"、类似"有教无类"，比如日本、韩国对本土汽车产业的政府干预，政府扶持的是能够自主创新、创造民族品牌的企业，而不论其出身如何；而政府庇荫尽管有着和政府干预相同的出发点，但是政府的这种扶持倾向于"对事亦对人"，并且根据企业性质进行分类和优先级预设，使得政府干预成为一种选择行为甚至是歧视行为，而特殊企业的政府俘获行为、主管部门的创租行为进一步加剧了政府对特殊企业的偏爱，形成一个正反馈回路。

关于政策扶持的误区，西方学者多有研究，近期尤其以政府俘获、政治关联、政治资源等主题的研究为主，但是，"转轨经济"、"关系"[20]、"多种经济成分并存"这三个中国情境的关键词，要求在对西方研究成果进行移植时，必须有本土化的构念与视角，本研究因应这种要求，尝试以"政府庇荫"糅合以上概念，力求得到一个新的视角。在这一视角下，对

---

① "庇荫"，指（树木）遮住阳光，比喻尊长照顾或祖宗保佑［中国社会科学院语言研究所词典编辑室. 现代汉语词典（第6版）［M］. 北京：商务印书馆，2012.］。在英语中，"庇荫"可译为 shadow，如 the shadow of sb/sth，指某人某事的重大影响［霍恩比. 牛津高阶英汉双解词典（第8版）［M］. 赵翠莲，邹晓玲译. 北京：商务印书馆，香港：牛津大学出版社（中国）有限公司，2014.］。

中国汽车产业政策扶持与全行业自主品牌缺失等问题的研究必然要回答几个基本问题:一是政府干预、政策扶持是如何转化为政府庇荫的,其过程与激励机制如何;二是政府庇荫有何危害,自主品牌缺失是如何发生的;三是中国特色市场经济情境下,如何减少政府庇荫的危害。

第二节　研究目的

本书研究目的是探讨政府行为对中国汽车产业发展路径的影响,揭示政策扶持、政府庇荫对汽车自主品牌缺失的影响,并分析其影响机理。

第一,对政府庇荫与轿车产业自主品牌缺失的实证分析。在政府庇荫与自主品牌之间建立数量关系,通过实证,讨论政府庇荫对自主品牌建设的影响以及在汽车产业中如何发挥政府的作用。在实证基础上,对汽车自主品牌缺失的机理进行分析,在确认政府庇荫对自主品牌建设有负面作用的前提下,对如何发挥比较优势、如何看待民营企业、如何制定产业政策、如何防止贫困性增长等问题进行有的放矢的讨论。

第二,探索政府作为汽车企业路径选择的影响因素所起的作用。虽然中国实行社会主义市场经济已经有30多年的历史,但是,从计划经济向市场经济转型的过程却是漫长的,而要消除以行政命令代替市场信号的政府惯性和垄断国企的既得利益,更是一个漫长的过程。因此,笔者将在大的历史背景下探索政府对汽车产业的影响,研究的重点是在企业战略层次上,政府庇荫如何影响企业实施自主品牌战略,讨论在政府庇荫下,中国汽车自主品牌现状的形成原因。

第三,探讨谁是发展汽车产业自主品牌的主体。尽管民营企业、地方轿车企业现有车型的质量与跨国公司的产品标准还有很大差距,但是它们的自主品牌建设却走在前列。以"三大"集团为代表的合资企业占据了国内市场绝大多数的份额,也最具自主发展的实力,但目前它们的自主品牌发展情况并不理想。为此,要研究中国合资企业领导者在自主品牌上的自由度和意愿、企业家精神与政治目标的关系以及充分竞争对培育自主品牌的重要作用。

第四,基于全球价值链视角的产业升级思考。这是老生常谈,但是中国劳动密集型产业与欧美的贸易摩擦时有发生,令人不得不对比较优势作更深入的反思。中国目前汽车产业与美国1924年的汽车产业相似,在这个时期先行者的历史具有很大的借鉴价值，而日本和韩国的经验和教训，以及"拉美化"的危险，亦是本书的关注点之一。此外，本书亦拟讨论在全球化大背景下，如何发挥比较优势与防止产业低度化，如何参与国际产业分工与防止被锁定在产业链的低端等问题。

第三节　研究内容、方法

通过对政府与市场关系的理论源流、演变进行梳理，把对政策扶持与汽车产业发展关系的研究放入历史的背景中；定性分析政府庇荫在行业发展中起何作用，并据此构建本书逻辑模型；建立政府庇荫与自主品牌之间的数量关系模型（创造并定义了政府庇荫度、自主品牌产品密度两个主要概念），对轿车产业的政府庇荫与自主品牌缺失的关系进行实证研究，得出政府庇荫与自主品牌缺失呈正相关关系的基本结论；对政府庇荫引致自主品牌缺失进行机理分析，并提出自己的政策建议。全书共分七章，各章的研究内容具体如下：

第一章为导论，对本书的选题背景、研究目的、结构、主要概念进行说明。

第二章为文献综述，对政府与市场关系的理论源流、演变进行梳理，重点介绍政府经济职能与政策扶持的理论渊源、战略管理学科中的政府因素、迈克尔·波特的国家竞争优势理论；对品牌作用与中国汽车自主品牌进行简单回顾；对媒体和网络关于中国汽车自主品牌的争论进行归类总结，对部分学者、专家、研究机构的观点进行较为系统的综述。本章目的是通过文献回顾，发掘具体的研究思路。

第三章对本书逻辑模型进行构建。从影响企业战略选择的主要因素中，选择政府因素作为主要分析对象，从战略管理的角度，围绕造成自主品牌缺失的政府因素，分析政府庇荫在行业发展中起什么作用。这一章是定性分析，为实证研究做理论准备。

第四章是对企业政府庇荫与自主品牌缺失的实证研究。提出有待验证的假设命题，设计研究方法，确定庇荫度的测量维度，进行数据收集和分析，得出政府庇荫与自主品牌缺失呈正相关关系的结论。

第五章是对产业政府庇荫与自主品牌缺失的实证研究。通过对轿车产业和家电产业的政府庇荫度以及两个产业的自主品牌产品密度进行测量，形成量化了的自主品牌产品密度，在产业政府庇荫度和产业自主品牌产品密度之间建立数量关系。

第六章是基于实证结果的机理分析。对政府庇荫度属性（政策扶持度、企业行政级别、企业背景、企业资产构成）引致自主品牌缺失进行机理分析，主要论证政府庇荫下，合资成为国有大型汽车企业的一种垄断资源，由于企业家的政治目标与企业家精神的违背，受庇荫企业在发挥比较优势的同时造成自主品牌缺失（一种贫困性增长），在公共选择中存在寻租，最终导致"市场换技术"汽车产业政策的失败。

第七章是本书的结论。对本书研究的主要成果、主要观点、创新之处、研究局限，以及未来有待进一步研究的问题进行简要归纳和总结。

本书的研究思路、研究内容和方法如图1-1所示。

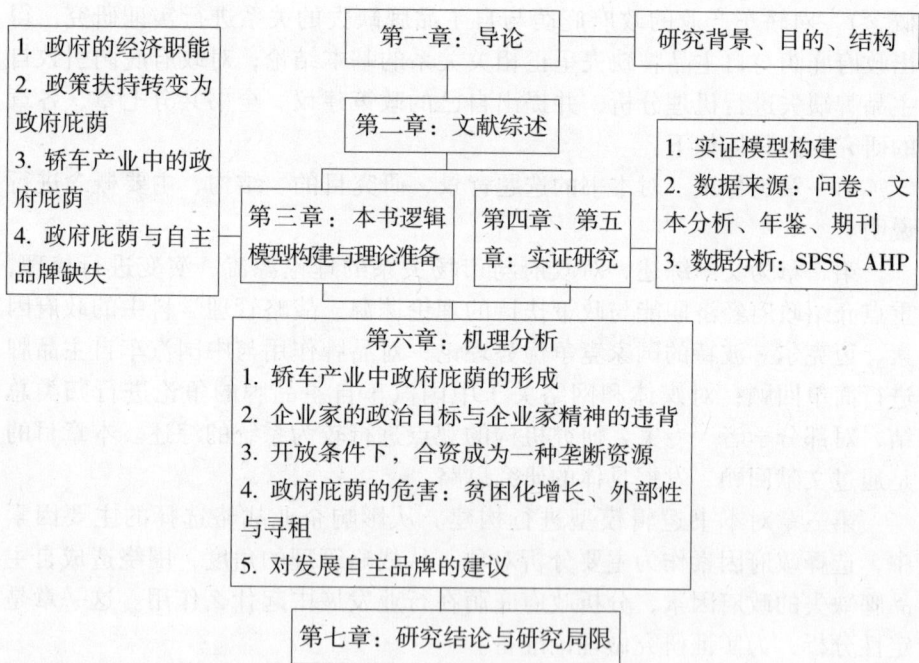

图 1-1　技术路线图

第二章

文献综述

　　如果仅就"政府庇荫"这一概念而言，尚未见可供综述的文献。但是政府庇荫是政府发挥其经济职能的一种连带作用或者说是副作用，因此，在文献综述的思路上，按照从远到近、从大到小的顺序逐步梳理有关政府经济职能及汽车自主品牌的文献，以求寻找、发现研究的灵感与线索并逐步逼近本书的主旨，具体的聚焦路径是：政府与市场的关系、政府与企业战略制定的关系、汽车产业、中国汽车产业自主品牌、政府庇荫与自主品牌缺失。

第一节　政府与市场的关系

　　广义的政府（government）泛指国家政权机关，包括立法机关、司法机关、行政机关以及一切公共机关。英国《大众百科全书》把"政府"定义为：由政治单元在其管辖的范围内制订规则和进行资源分配的机构，政府的功能是立法、司法、执行和行政管理。[21] 狭义的政府（administration）专指一个国家的中央和地方的行政机关，如外国的内阁、总统、政务院等，中国的国务院、地方各级人民政府。中国宪法中的"人民政府"就是指各级行政机关，即狭义的政府。

　　所谓市场，是指商品和劳务买卖双方自由交换的场所和机制，它体现了商品生产者之间相互交换劳动的经济关系。交易主体、交易客体和交易行为构成了市场的三个基本要素。市场机制是市场运行的实现机制，它是市场中供求、价格、竞争三大构成要素之间相互联系、相互作用和相互制约的关系。与价格、供求、竞争三要素相对应，市场机制包括了价格机制①、供求机制②和竞争机制③，其中价格机制是核心。

　　有关政府与市场关系的文献浩如烟海，本书仅从政府庇荫视角进行整理。

---

　　① 价格机制是指商品价格的形成和变动及其对经济运行的影响，它是以价格形式发生作用，从而引起市场供求变化的市场机制。

　　② 供求机制是商品供求关系使市场价格围绕价值波动的作用方式，是供求双方相互作用、相互制约，从而使供求趋于平衡的市场机制。

　　③ 竞争机制是指各种市场交易主体之间的竞争以及市场供求关系、价格、资金、劳动力等要素之间形成的相互作用、相互制约的联系方式。

一、自由主义和国家干预主义

1. 政府与市场关系的理论的演进

关于西方经济学家对政府与市场的关系的认识，其理论的演变大致可划分为以下五个阶段[21]：

第一阶段是从 15 世纪至 17 世纪的重商主义时期。这一时期主张政府干预的思想占据主流地位，其主流理论是重商主义理论。虽然中央集权国家的建立使商业和商业资本不断发展壮大，并促进社会分工和国内市场统一、对外贸易进一步发展和世界市场的形成，但是，封建割据限制商业资本的活动，阻碍社会经济发展。因此，商业资本家要求加强并利用国家集权的力量消除割据，以保证商业活动在国内市场顺利进行，并且实行对外扩张。重商主义就是在这种社会经济背景下应运而生。重商主义者既未完整地分析政府的作用，也不明白政府、市场、企业三者之间的关系，因此他们关于政府干预的论述与其说是一种理论，不如说是一种反映商业资本和新兴资产阶级进行原始积累要求的政策主张。

第二阶段是从 1776 年亚当·斯密出版《国富论》至 20 世纪 20 年代。这一阶段强调市场作用和主张经济自由主义的思想占据主流地位，其主流理论是自由放任主义理论。1776 年亚当·斯密的《国富论》一书动摇了英国重商主义的政府干预理论和政策的基础，取而代之的是自由放任理论和政府不干涉经济事务的政策。亚当·斯密认为，个人管理产业的方式目的在于使其生产物的价值能达到最大限度，他所盘算的也只是他自己的利益，但是，由于他受着一只看不见的手的指导，他追求自己利益的同时，往往能比在真正出于本意的情况下更有效地促进社会的利益。[22]因此，政府无须干预经济活动，市场这只"看不见的手"会使个人在追逐私利的同时增进社会福利。基于这样的观点，亚当·斯密认为政府职能有三项：保护社会，使其不受其他独立社会的侵犯；设立严正的司法机关，尽可能保护社会上各个人，使其不受社会上任何其他人的侵害或压迫；建设并维持某些公共事业及其公共设施（这种事业与设施，在由大社会经营时，其利润常能补偿所费而且有余，但若由个人或少数人经营，就绝不能补偿所费）。亚当·斯密认为政府具有为经济运转提供环境保证的作用，他反对的是政府深入经济生活内部的直接干预。穆勒在论述政府经济职能时也主张自由放任的一般原则，主张限制政府的职能，促进个体自由发展，政府的职能是充当"守夜人"，这是因为，如果政府职能增加，就意味着权力的增加，其间接影响力也增加，而政府职能的增加，不仅增加了团体的负担，而且事情交由政府去干，结果还不如给那些与其有利害关系的私人去干。[23]

第三阶段是从 20 世纪 20 年代至 50 年代末期。这一阶段从分析"市场失灵"（market failure）出发，强调政府干预的必要性，其主流理论是政府干预主义理论。1929 年西方世界爆发了一次大的经济危机，经济危机表明，20 世纪以后，自由竞争的资本主义过渡到垄断资本主义，资本主义固有矛盾加深，自由放任主义者所鼓吹的资本主义经济具有的自律性调节机制失效了。

英国的福利经济学家庇古于 1920 年出版了《福利经济学》一书，论述了政府参与资源配置的经济职能。庇古认为，在完全竞争的条件下，虽然竞争有利于实现生产资源的最优配置，但由于各种原因，仍然会出现边际私人纯产值和边际社会纯产值相背离的情况，因此，庇古指出，仅靠自由竞争不能导致生产资源的最优配置，政府干预具有必要性。[24]

英国著名经济学家凯恩斯于 1926 年发表《自由放任主义的终结》一文，提出要放弃自由放任主义原则。1936 年，凯恩斯最主要的著作《就业、利息和货币通论》出版，在书中他主张政府要从整个宏观角度来论证经济问题（即总量分析方法），有必要对经济进行干预，运用财政政策、货币政策和收入政策等"松紧"搭配的经济政策对宏观经济进行间接干预（如通过财政政策，增加政府支出，增加需求，为实现充分就业作出努力，以消除失业；通过货币政策，利用利率的升降来控制货币供应，间接地影响私人投资和影响消费；通过税收来鼓励投资等），但对国有企业的日常经济活动，则让企业自己去处理，政府不宜插手。[25]在 20 世纪 30 年代的大危机中，凯恩斯主义适应了国家垄断资本主义的需要，对资本主义制度曾有起死回生的作用，"二战"以来，凯恩斯主义一直是西方各国政府执行和扩大经济职能的理论依据。实践证明，凯恩斯主义的政府经济职能学说中的某些合理成分，不仅适用于发达国家，而且对发展中国家同样适用。

第四阶段是从 20 世纪 60 年代至 80 年代。这一阶段，经济自由主义复兴，经济学家开始研究政府行为的内在动机，强调"政府失败"（government failure）或"政策失败"（policy failure）的可能性，主张重新以市场机制作为调节资源配置的主要工具，其主流理论是新自由主义理论。

20 世纪 70 年代以后，凯恩斯主义政府干预主张和政策面对资本主义社会严重的经济"滞胀"危机，显得力不从心，而反对政府干预经济、主张修复"看不见的手"的呼声日渐高涨。产生于 30 年代的新自由主义经济学在这样的背景下获得了较大的发展。广义的新自由主义包括新货币主义，狭义的新自由主义特指哈耶克的新自由主义和德国的新自由主义，这三者都认为资本主义市场经济是完整的，私人企业经营制度有很大优点，政府对经济的干预政策有害无益。

新货币主义认为，私人经济有其内在的稳定性，政府干预不仅不能稳定经济，反而加剧了经济的不稳定性，财政、金融政策对经济活动和市场机制的刺激作用都应是短期的，长期将引起灾难性后果，因此，政府在经济中的作用是为市场经济的正常运行创造一个良好的环境；德国新自由主义力图在自由放任与政府干预之间寻求第三条道路，它提出"社会市场经济"的体制模式，认为在"社会市场经济"中，政府既不应像计划经济中那样配置资源，调节经济，也不应像凯恩斯主义所主张的那样运用经济政策干预经济，政府所能做的仅仅是维护市场经济的秩序；哈耶克的新自由主义是最彻底的经济自由主义，它认为失业和通货膨胀是资产阶级的政府干预的结果，不承认自由市场经济有缺陷，并因而反对任何形式的政府干预。[26]

第五阶段是 20 世纪 90 年代至今。这一阶段，新凯恩斯主义以重构凯恩斯微观经济学为出发点，复兴凯恩斯主义，在承认政府失败的可能性的同时，认为政府干预是对未来经济稳定的一种投资，其主流理论是新凯恩斯主义理论。

新自由主义理论对从 1990 年持续到 1993 年的世界性经济衰退及低通货膨胀率条件下持续的高失业无能为力。政府对经济总量进行干预的必要性再次被提出，这为新凯恩斯主义的发展提供了契机。新凯恩斯主义与凯恩斯主义相比，更重视政府政策干预的有效性，更明辨政府干预的局限性，因此，新凯恩斯主义虽然坚持短期内宏观经济政策仍然有效的观点，却放弃了提出一种长期宏观经济政策理论的努力。

2. 经济学家的主要共识

现代西方经济学的各个学派在关于政府与市场关系的问题上，始终围绕着自由主义和国家干预主义展开论战，政府在经济中的作用像个钟摆，在自由主义和干预主义两极间摇摆。其实，自由主义并非反对一切国家干预的政策，并非彻底否定政府具有一定的经济职能，而政府干预主义也并非完全排斥经济自由而主张干预一切。

回顾西方经济学家对政府与市场关系的认识及其演进过程，可以看到，半个多世纪中，计划与市场的相互关系、各自的优点和缺点及其对经济发展的作用，一直是经济学家争论的问题。争论焦点从偏重计划化到偏重市场机制再到强调市场经济中作为内生变量的制度因素，并明确权力进入市场对经济的破坏作用。虽然仍有很大的分歧，但也取得一些共识。20世纪90年代后，大多数经济学家都认为：市场经济是促成资源优化配置的最佳机制，然而，现实的市场绝非完全的市场，市场失灵又是不可避免的，初生的市场更是如此，从而需要政府的必要干预，但是，发展中国家对市场进行干预必须适度，要防止权力进入市场造成寻租行为的产生。大多数发展中国家的实践经验证明，完全依靠计划或完全依靠市场机制都是不可取的，正确方法是把计划与市场结合起来，在大力发展市场经济的过程中警惕不正当权力的插手，健全社会经济制度，防止寻租行为的滋长和扩大。[27]政府的首要职责是做好基础性工作，即建立法律基础，保持正常的而非扭曲的政策环境，特别是宏观经济的稳定，对基本的社会服务和基础设施进行投资，保护承受力差的阶层以及保护环境。

二、政策失败与市场失灵

1. 公共选择理论

公共选择理论产生于20世纪60年代初期的美国（此时美国的整个经济学理论界正是凯恩斯主义处于支配地位），它以现代经济学的基本假设（即所有个人都追求自身利益的最大化）为前提，依据自由的市场交换能使双方都获利的经济学原理，来分析政府的决策行为、民众的公共选择行为及两者关系。

公共选择理论是当代西方经济学的一个分支，同时也是现代政治学的一个极其重要的研究领域，已成为各国学者分析市场失灵、政治失灵及政府经济决策等问题不可或缺的理论方法。它最大的突破是，运用现代经济学的逻辑和方法来研究政治问题，第一次将政府这一政治实体纳入经济分析的对象范围之内，并进行了系统的分析，从而开创了政治经济研究的新视角，具有相当程度的划时代意义。[28]公共选择理论将政治过程看作某种特殊的经济活动，在这个经济活动中，政府是生产者，选民是消费者，选票是货币，而选举制度则可等同于市场制度。公共选择理论认为，从交易的角度看，经济学和政治学并没有什么不同，在理性经济人本性的驱使下，人们在经济市场和政治市场上行为的区别仅仅在于他们追逐个人利益时所选择的方法不同而已。布坎南推崇建立在理性经济人指导下的自由市场经济，他相信市场这只"看不见的手"的有效作用，他认为，政府经济政策的失误，并不完全是由于经济理论的缺陷以及政策执行者的失误。[29]在公共选择学派看来，经济政策的制定过程或者说是政治过程才是决定经济活动的内在因素，同时，在政策制定过程中，应抛弃政府为公的幻想，因为政府官员也是追求利益最大化的经济人。

2. 集体行动理论

传统经济学家认为，正如个人会为个人私利而努力一样，具有共同利益或共同目标的一群人，也会为团体的共同利益而努力。然而这个貌似合理的假设并不能很好地解释和预测集体行动的结果，许多合乎集体利益的集体行动并没有产生。相反，个人自发的自利行为往往导致对集体不利，甚至极其有害的后果。奥尔森认为，由于搭便车行为的存在，理性、自利的个人一般不会为争取集体利益作贡献，集体行动的实现其实非常不容易，当集体人数较少时，集体行动比较容易产生，然而，随着集体人数的增多，产生集体行动就越来越困难，因为在人数众多的大集体内，要通过协商解决如何分担集体行动的成本是十分不容易的，而且人数越多，人均收益就相应减少，搭便车的动机便越强烈，搭便车的行为也越难被发现。[30]奥尔森的集体行动理论可以简单地概括为：个人理性不是实现集体理性的充分条件。集体利益区分为两种：一种是相容性的（inclusive），即利益主体在追求这种利益时是相互包容的，如处在同一产业中的公司在向政府寻求更低的税额以及其他优惠政策时利益就是相容的；另一种是排他性的（exclusive），即利益主体在追求这种利益时是相互排斥的，利益主体之间是一种零和博弈。[31]奥尔森在其《国家的兴衰：经济增长、滞胀和社会僵化》一书中扩展了他的早期分析，认为寻租过程（人们为自己特殊利益进行疏通而组成集团）给社会带来了限制和约束，减慢了这个社会的增长率，如果一个国家不经历战争一类的突发性的制度变化（有人把这种变化称之为"奥尔森振荡"），那就不能打破这些既得利益集团，会出现"制度优化"，经济增长将变得越来越缓慢，最终停滞。[32]

3. 诺思悖论

国家是一种强制性的制度安排。一方面，国家权力是保护个人权利的最有效的工具，因为国家具有巨大的规模经济效益，其出现及存在的合理性，正是为了保护个人权利和节省交易费用之需要；另一方面，国家权力又是个人权利最大和最危险的侵害者，因为国家权力不仅具有扩张性质，而且其扩张总是依靠侵蚀个人权利实现的，在国家的侵权面前，个人是无能为力的。这就是诺思悖论，它实质上揭示了这样一个道理：没有国家办不成事，但有了国家又有很多麻烦。

国家在某种程度上讲是不同集团的集合体，统治者就是这些不同集团利益的"均衡者"。正如舒尔茨所指出的那样，"处于统治地位的个人在政治上依赖于特定群体集团的支持，这些集团使政体生存下去。经济政策在这个意义上讲是维持政治支持的手段"[33]。

施蒂格勒认为，国家是一个社会中每个产业的潜在资源或潜在威胁，因为国家具有强制权，可以强制取走或给予资金等方式有选择地损害或帮助产业，比如，国家可以通过税收获取金钱、决定资源分配、影响厂商决策等。施蒂格勒分析，国家能给一个产业带来的利益，实际上是为一个产业的寻租提供了可能性。[34]

三、产业政策的有效性

1. 产业政策是否有效

产业政策作为政府为实现一定的政策目标而用来干预国家经济的重要手段，不同经济学派对其有效性一直存在争议。[35]

（1）反对产业政策的观点。政府很难代替市场运行所必需的各个分散的信息过程，而市场机制自发的运行却能够获得充足的信息，而由于政府通常也是通过其代理人从事相关决策行为，其委托代理关系也缺乏足够的刺激，那么即使政府能够获得充足的信息，也没有足够的刺激来保证他们能够尽最大努力去实现公共利益最大化。新古典主义推崇市场功能与最小政府，认为市场能够通过众多独立的决策行为自己组织运行。经济自由主义者认为，市场机制的自发运行是能够保证效率的，政府的政策干预只会扭曲市场机制的运行，从而降低效率，政府只需要为市场机制的运行提供必要的公共产品，而无须运用产业政策影响市场的运行机制。在这些经济自由主义者看来，产业政策只会扭曲市场调节资源配置时的运营机制，影响其效率，甚至对于社会总体的福利水平来说，会产生负的福利水平，因而是缺乏效力的，一些经济自由主义者甚至认为最好的产业政策是根本没有任何产业政策。

（2）支持产业政策的观点。尽管在西方理论经济学发展历程中，主张自由放任、反对产业政策理论的古典经济学派长期处于主导地位，但是正是由于看到市场失灵，以及制度建设对于经济发展与创新活动的制约作用，从而产生了主张充分发挥产业政策作用，补充市场功能的创新经济学派与演化经济学派。斯蒂格利茨批评了新自由主义对于完全市场机制的假设，他指出在多数发展中国家存在市场失灵，既然市场自身不能满足发展的需要，就必须寻求政府通过一些合理处理政府与市场关系的促进发展的政策来实施干预。[36]豪斯曼等则从市场失灵的角度指出产业政策对于调节由于存在协调失灵与信息外溢所导致的市场失灵的重要意义，如果市场自身的力量不能促使不同参与者的行为协调一致，那么政府就应该执行产业政策，引导市场主体采取某一行为，甚至替代市场直接执行某种投资行为。在这些学派的指导下，以西欧为代表的发达国家也日益重视产业政策理论在其经济发展中的战略地位，产业政策理论也逐渐发展为现代西方理论经济学界的热门研究领域而得到广泛的重视。

尽管关于产业政策的有效性的争论仍然在继续，但是产业政策的有效性已经得到了一定的认可。传统产业政策之所以受到广泛的抨击，其原因在于其为了纠正市场失灵，往往更多地关注挑选赢家，限制市场范围或生产组织条件，通过政府直接干预的方式来影响市场的作用机制，这虽然可以在一定程度上弥补市场失灵，但却容易导致刺激不足、效率低下、寻租与腐败滋生，从而造成政府失灵。这也是经济自由主义者抨击产业政策的重要依据。现代各国的产业政策设计已经不再拘泥于直接干预的手段，更多是在经济自由化的背景下，着眼于一国的国际竞争力的提升、创新能力的增强。从历史上来看，产业政策在世界经济的发展历程中一直扮演着非常重要的角色，但在一定的历史条件下，也由于过多的政府干预而影响其效率，从而诱发产业政策有效性的争论。总体来看，一个国家充分利用产业政策来加强其能力建设，提升其国际竞争力，将成为其加快经济发展的重要手段。

2. 国家竞争优势

波特在《国家竞争优势》中对产业政策（诸如扶持目标、补贴和公司间的合作活动等）的有效性和作用提出质疑。他认为，目前盛行的产业政策是建立在一个高度简化而又有问题的竞争力假设之上的，这些假设认为规模和开支对竞争力起决定作用，主流理论界所提出的用国家干预来取得竞争效果的做法很不妥当。波特反对产业政策，因为产业政策扭曲竞争力，关注一些特别的领域而不是一视同仁。他指出国家应该放弃重点扶持某些特别产业的做法，而应该对国家现存和刚出现的集群都一视同仁；政府不应该参与到竞争的过程中去，政策的主要职能应该是改善生产率增长的环境，比如改善企业投入要素和基础设施的质量和效率，制定规则和政策来促使企业升级和创新。其钻石理论则力主除去所有生产率成长的限制因素，一般产业政策认为国际竞争力是一种零和博弈，而钻石理论则认为竞争力是一个正和博弈，一国如果能够改善生产率，并且国家变得更加多产和具有创新能力，则该国的市场将逐步扩大，国家借此走向繁荣。

虽然反对产业政策，但波特还是提出，政府所提出的政策想提升国家竞争优势，必须注意几个大问题[37]：

政府的首要任务是尽力去创造一个支撑生产率提升的良好环境，这就意味着政府在贸易壁垒、定价等方面应该尽量不干预，而在诸如确保强有力的竞争、提供高质量的教育与培训等方面则要扮演积极的角色；政府可以用很多方式来改善企业经营环境，在集体财富（信息、名声、专业化服务）或公共物品建设上，扮演积极的角色；政府千万不可限制竞争，或者人为地降低安全和环境标准，因为政府在这些方面的"帮助"实际上只能阻碍公司创新，延迟生产率的改进，从而也影响到竞争力的提升；政府和企业在国家生产率提升上应该相互依赖，积极对话，清除障碍，降低不必要的成本，共同创造合适的投入要素、信息和基础设施，许多国家都存在着公司与政府间的紧张、不信任现象，以及政府的家长式作风等，这些现象都不利于生产率的增长，是公司经营的一个隐含成本。

第二节　中国汽车产业

国外学者关于中国汽车产业的研究文献较少。埃瑞克·哈威特的《中国汽车产业政策、问题及展望》研究的是 1993 年以前中国汽车产业的情况；中外合作研究的有中日专家于 1987 年完成的 "2000 年中国汽车工业发展战略"、中国工程院和美国国家工程院于 2001 年联合开展的 "21 世纪中国私用汽车发展" 的两项研究课题。中国学者对外国汽车产业的研究较多，比较有代表性的有张仁琪与高汉初[38]、吕政[39]、孙年益[40]、史自力[41]、陈淮[42]、李一峰[43]等学者的专著，贾新光[44]，薛可、余明阳与杨珊珊[45][46]，石永东、陈丽娜与胡树华[47]，李永钧[48]等人的文章，在这些专著或文章中，他们研究了国外汽车产业的发展历程、产业结构、产业政策、品牌战略等。

中国学者对中国汽车产业的研究著作主要有：程振彪的《WTO 与中国汽车工业发展对策研究》，讨论中国汽车产业在中国加入世界贸易组织后的战略选择；[49]王伟光的《中国工业行业技术创新实证研究》，讨论中国汽车产业的技术创新战略；[50]王再祥的《汽车金融》着重汽车贷款消费的操作；[51]钱振为的《21 世纪中国汽车产业》是一种全景式的介绍；[52]邹广德、庄继德、张开旺、程诚等的《汽车工业系统优化与技术创新》更多的是从专业技术的角度解读中国汽车产业；[53]张占斌的《比较优势：中国汽车产业的政策模式战略》秉承了林毅夫所坚持的比较优势的观点，认为中国汽车产业落后的根源在于赶超战略的制度安排违背了比较优势原则，导致产业所需的要素禀赋严重稀缺的状况长时间难以改变，书中提出中国汽车产业的发展路径是"比较优势的大国开放竞争模式"；[54]陈清泰、刘世锦、冯飞的《迎接中国汽车社会：前景·问题·政策》对中国汽车市场的管理体制等问题提出了政策建议，是一本值得研读的文献；[55]武康平、费淳璐的《WTO 框架下中国汽车经济的增长极》，基于产业集群的视角对中国汽车产业的地域分布进行分析；[56]白仲林、王文莲的《中国汽车工业的市场分析与战略优化》，从汽车营销的角度分析汽车产业。[57]以"中国汽车产业"作为题名或关键词，在中国知网搜到的 2006 至 2013 年的博士论文有 16 篇，其中与本研究相关的有：彭勃的《中国汽车产业创新系统演进与绩效研究》[58]，周莹的《中国汽车产业创新政策体系及其系统失灵研究》[59]，王龙的《中国汽车产业国际竞争力研究》[60]，佟岩的《从模仿学习到自主创新》[61]等。此外，张嘉玮、朱盛镭[62]，邓曙[63]，周明安、赵志刚和魏小华[64]，马永红与王静[65]等许多专家学者发表文章，探讨在新经济条件下和中国加入世界贸易组织条件下，中国汽车产业面临的机遇与挑战，并在产业重组、企业技术开发能力建设、企业国际联盟等方面提出对策。

此外，在一些并非针对中国汽车产业的著述中，汽车产业经常被作为研究对象，如戴金平、孟夏、万志宏的《WTO 与中国产业发展》[66]，郭克莎等的《新时期工业发展战略与政策》[67]、王岳平的《开放条件下的工业结构升级》[68]、王允贵的《WTO 与中国贸易发展战略》[69]、侯云先和王锡岩的《战略产业博弈分析》[70]等，亦能给读者以启发。

第三节　中国汽车自主品牌

美国市场营销协会关于品牌的定义是：品牌是一种名称、术语、标记、符号或设计，或是它们的组合运用，其目的是借以辨认某个销售者或某群销售者的产品或服务，并使之同竞争对手的产品或服务区分开来。[71] 对品牌的定义是一个与时俱进的过程，不同时代有不同时代的侧重点。[72] 强调物质产品的品牌定义：品牌就是一个名字、术语、标记、符号或是图案，或是这些的综合，目的就是识别一个卖方集团所提供的产品和服务，并且将它们与竞争对手所提供的区分开来。[73] 强调产品、服务、质量不同性的品牌定义：品牌是给予一个组织所提供的产品和服务的一种视觉或名字，目的是将它与竞争对手的产品区分开来，并且使得顾客确信产品是拥有高品质和持久质量的。强调关系而不仅仅是产品和服务的品牌定义：在供应商和买家之间创造一种互动的承认关系，超越孤立的交易和特殊的个体。[72] 不管品牌如何定义，营销专家公认的品牌有利益、个性、属性、价值、文化、使用者等六层具体的含义。

关于中国汽车产业的自主品牌问题，很多经济学家、学者、汽车产业的专家甚至网民都有自己的看法。虽然绝大部分学者的观点仅仅是一次大会发言或是一次记者访谈，不可能对汽车产业的自主品牌问题作出全面系统的论述，但是其中亦不乏真知灼见，为此，把它们作为一种文献进行综述。

一、媒体和网络的观点

对于中国轿车产业的品牌现状、原因、要不要发展、应该如何发展等问题，最近几年国内媒体曾有热烈的讨论，众说纷纭，对此，结合高旭东和吴贵生的观点[74]，归纳和点评如下：

（1）合资基本上不可能使中国走上发展自主品牌轿车之路。因为：第一，外方合作者没有动力，合资外方到中国来的目的是赚钱，而不是教中方合作者如何开发轿车；第二，中方合作者的学习主要是在制造方面，这对开发轿车是必要的，但远远不够；第三，合资这种形式无法提供轿车开发的组织基础，中方合作者没有机会实践发展自主品牌轿车的全过程（市场调研、形成产品概念、产品外观设计、工程设计、样车制造和试验、大规模制造、销售等）。

（2）合资企业不能创立属于合资企业的品牌轿车。合资企业的品牌从本质上讲属于合资双方中的控股方，由于这一原因，在中方控股的情况下，合资的外方基本上不会支持开发属于合资企业的轿车，在外方控股的条件下，外方可能会对开发合资品牌有更高的积极性，但这就不是发展中国的自主品牌轿车了。中国自主品牌轿车企业的直接竞争对手主要不是跨国公司，而是中外合资企业，而合资企业的性质决定了它不可能顺利地把跨国公司的核心技术转化为竞争力，相反，中国企业选择发展自主品牌轿车，由于拥有主动权，因而具备很大组织优势，从而减小缺少核心技术的不利影响。

（3）本地化开发不是发展自主品牌。为了适应本地市场的特殊要求，每个跨国公司都需要对其产品进行本地化开发（比如给其系列产品取中文名字，力图使合资外国品牌适应中国用户的价值取向），这种工作不可能使中国走上发展自主品牌轿车之路。此外，在合资企业建立研发中心也难以实现发展自主品牌的目标，因为在外方没有积极性和主动性的情况下，很容易停留在合同上而没有实质的行动，研发中心也只是提供了一种学习和积累经验、培养能力的条件，不在合资企业之外建立独立自主的轿车企业，就无法把学到的知识、培养的能力真正用起来。

（4）是否发展自主品牌不仅仅由市场决定。市场竞争是必要的，但是市场机制本身不可能使中国走上发展自主品牌轿车之路，政府虽然没有能力单独发展自主品牌，但是政府在发展自主品牌过程中的作用至关重要。日本政府在日本轿车产业发展中的作用值得我们重视，虽然日本政府的政策没有直接增强日本轿车企业的国际竞争力，但是尼桑、丰田以及整个日本轿车产业成功的一个主要原因是国内市场的保护。中国的确存在轿车市场保护，但是现在保护的主要是合资企业，而不是单独针对奇瑞、哈飞、吉利的保护，否则中国自主品牌轿车的发展就远不是现在这个样子。

（5）中国现在还没有发展自主品牌轿车的比较优势。关于这一问题，存在分歧较大的观点，支持者（比较优势论者）经常用来证明比较优势理论的例子是韩国的汽车产业和中国台湾的汽车零部件产业，按照支持者的说法，韩国汽车产业的发展并不成功，在亚洲金融危机中一败涂地，而原因就在于韩国背离了比较优势原则，在还不具备条件时发展了汽车产业，相反，台湾由于坚持了比较优势原则，以发展汽车零部件而不是整车为主，因而成功了。反对者则认为，实际上韩国的汽车产业并没有失败，台湾的汽车零部件产业也很难说是成功。他们认为，比较优势论可能会延误中国发展自主品牌轿车的时机，从而造成无可挽回的损失，因为，汽车产业是一个非常特殊的产业，在其形成了比较稳定的结构以后，后来者基本上没有机会进入。

（6）有些网友认为，要重点发展电动轿车，因为电动车用的是新技术，中国汽车企业更有机会同跨国公司站在同一条起跑线上，相反，在传统轿车领域，中国汽车企业同跨国公司的差距太大，难以赶上，应该放弃。这一观点的主要问题是没有看到新技术与新产品的区别。在轿车产业，技术进步的一个重要特点是新技术是被逐步应用到现有产品上去的，而不是建立一个全新的产品，替代掉原来的产品，即使中国汽车企业能够在电动车技术上同跨国公司站在同一条起跑线上，也必须提高设计、制造、销售、品牌等能力。

二、专家学者的观点

在中国汽车产业的发展战略上，专家学者的说法较多，出发点也不尽相同，可归纳为三种观点：完全自主型、完全依附型、依附与自主相结合型，在如何发展自主品牌的问题上，政府所应起的作用也时有涉及。这里仅侧重政府作用方面进行整理。

刘世锦（原国务院发展研究中心办公厅主任）认为，跨国公司给合资企业在中国的任务就是装备汽车，对它们不要抱有自主品牌的期望，但是，一些国有企业政企不分，尽管有很大的研究所，有相当不错的设备，却没有心思搞研发，这是值得警惕的。政府要将重点放在解决外部性问题上，政府要给企业一个比较好的发展环境，严格的进入管制是制约优胜劣汰、结构优化的重要因素。

对有些人拿"两弹一星"与轿车开发简单类比，何光远（原机械工业部部长）认为"两弹一星"可以关着门搞，搞好搞坏是自己的事，没有竞争问题，而汽车是个开放的产品，在对外开放的大政策下，自主品牌搞不出来，跨国公司就把市场占领了。因此，他指出，中国汽车产业要把零部件体系建立起来，从普及型轿车入手，从有市场规模的轻型客车入手，积累经验，培养一些善于集成的人，把各种各样好的技术，通过集成变成整车。

张小虞（中国汽车工业学会理事长）认为，我们要从制造的大国变成产业的强国，必须具备四个条件：第一，我们必须有自主的产品开发能力和相当一部分领域的自主品牌；第二，必须有坚实的零部件基础；第三，必须有相关产业的同步发展；第四，必须有完善的销售服务体系。

郭孔辉（著名汽车专家、中国工程院院士）指出，发扬创新精神，从技术的自主权逐渐演变为技术的主导权，实现从"装配制造的本土化"向"开发本土化"与"知识本土化"转变，力争尽快形成自己的核心技术，中国的汽车产业就有进入"创新—增长能力—再创新—进一步增长能力"良性循环的可能。

樊纲认为，面对世界知名品牌 100 多年的市场积累和技术积累，我们要追赶，就一定要发挥后发优势，用较短的时间、较低的成本，学习、承接、利用发达国家跨国公司长期积累起来的技术、商业模式、经营经验、品牌效应等；自主品牌是一种逐步形成的全面能力，如设计能力、技术能力、资本实力、市场经销能力、管理能力、服务能力，而所有这些能力的培养都需要一定的时间，需要一定过程的积累，自主品牌形成的过程最终是一个激烈竞争的结果；中国市场竞争的制度环境还没有成熟起来，政府要做的只是改革体制、创造环境；在相当长的时间里，合理的产业发展格局使一部分企业继续发展国际品牌的生产，逐步做到能够出口，在国际上占领更大的市场，一部分企业开始能够在国内市场上发展自己的品牌。

与以上专家稍有不同，朱盛镭和王晶则认为合资企业对自主品牌开发的"技术溢出"效应明显：一是合资使中国的汽车产量、质量迅速提高，缩短了技术上与国际先进水平的差距，初步掌握了轿车自主开发技术，许多车型一上市就实现了质量、技术与国际同步；二是合资企业对汽车产业链的影响日益凸显，强制性的国产化要求，带动和发展起一大批优秀的零部件企业，合资企业外方母公司将其原有的客户链模式复制到中国各地，大大提升了中国汽车产业链的整体水平；三是合资企业产品开发和技术转移，推动了国有汽车企业的技术进步。他进而认为，根据国外汽车战略联盟的成熟经验（如著名的新联合汽车制造公司 NUMMI 案例①），自主品牌产品完全可以在合资模式下创立。他提出几种自主开发路径：应利用世界汽车产业重组的机遇，寻找自主开发的机会；通过收购买断技术和品牌，获取快速实现集团自主开发和自主品牌发展的捷径；筹建新的合资企业，规划和定义双方的技术和品牌，新的合资企业成立伊始就推出完全可以归

---

① NUMMI 是通用汽车和丰田汽车各出资 50% 在美国建立的合资汽车公司，公司主要品牌产品有 Toyota Corolla、Toyota Tacoma 和 Pontiac Vibe。

属于中国汽车集团的自主品牌或本土品牌；自主开发可以采取共用平台策略，中国企业通过购买、租用其他企业的平台和产品技术，或利用现有合资企业的平台和生产能力，实现自主开发；汽车大集团的开发体系可以充分利用国内外资源实现完全意义上的自主产品开发。[75]

三、系统的文献

1. 中外合作研究课题

在 1987 年召开的关于中国汽车工业发展战略的中日专家研讨会上，中日双方专家提出，中国汽车产业应当选择自主开放型的发展模式。这一模式的主要特点是：在利用国外先进技术的同时，形成独立的产品开发能力、较完整的产品系列、坚实的零部件工业基础和协调发展的关联产业，充分利用国内外两种资金、两个市场，建设包括合资企业在内的中国汽车产业。

2001 年中国工程院和美国国家工程院联合开展"21 世纪中国私用汽车发展"研究课题，该课题旨在为中国民族汽车产业的可持续发展提供建议和咨询，课题报告以"私人轿车与中国"为名于 2003 年成书出版。该书指出：建立实力强大的本国研发能力是成功发展本国汽车产业的重要一环，但是中国目前不具备这样的能力，2000 年毕业的汽车工程专业毕业生中仅有硕士 178 名、博士 36 名，即便汽车人才如此之少，在合资企业中，中国工程师仍很少有机会参与车辆设计，因此，为了同世界汽车制造厂商竞争，中国汽车产业必须持续地投入巨大的资金、大量培训汽车工程人才。[76]

2. 政府在中国汽车产业发展中的作用

比较有代表性的是胡树华和陈光祖两位学者的研究成果及设想，但他们是从创新能力建设的视角进行研究。

胡树华与刘磊提出建设国家创新工程的设想，其提出背景是基于世界汽车产业及汽车技术发展的趋势和中国现有汽车产业及其科技开发状况，核心内容是，要拿出当年发展航空航天事业的勇气，由国家政府牵头并参与，联合国内几个主要汽车生产企业，投入巨资建立中国的汽车产业技术研发组织或平台，尽快提高中国汽车产业的研发能力，开发出具有自主知识产权、达到国际先进或领先水平的汽车制造技术和产品，增强中国汽车产业的国际竞争力。[77]

陈光祖提出了建立汽车产业国家创新体系或系统的初步构想。他认为，除了下决心建立国家创新系统，实现汽车产业跨越性发展之外，别无出路。陈光祖在其构想中对汽车产业国家创新系统作了较为详细的描述，他认为，这一系统总体上是官、产、学、研为振兴中国汽车产业而合作的协调性组织，是一个在继承和发扬技术创新系统的基础上，充分引入知识的创新和应用，使之切实产业化的一个开放型网络。汽车产业国家创新系统的目标有三个：对汽车产业传统结构的关键科技项目进一步实现现代化；进一步组织好电动车科研与攻关的产业化应用；开展智能化汽车和智能化运输系统（ITS）的科研和应用工作。从组织形式看，对产品的研发工作有三种方案可供选择：①由一汽、东风（原二汽）、上汽三大集团，或其中的任何两个集团，联合起来进行新一轮的轿车系列产品的研发工作，实行内部分工，专业技术人员随分工相互支援，开发成果实行技术共享，产业化工作按自愿原则安排，最好也实行联合；②以三大集团为主，吸收国内部分企业自愿参加，建立汽车产业计算机技术研发中心，中心是一个服务性质的股份制企业，但也是产品设计的核心；③在国家已有的电动车科技攻关项目基础上扩充，形成完整的汽车产业国家创新系统。对这个设想中的汽车产业国家创新系统，陈光祖亦有其想法：第一，它应由政府出面组织协调，一些与汽车产业有关的企业、重点大学和相关的有专业特色的科研机构，参加到汽车产业国家创新系统中来，并实行分工，发挥专长，进行各项科研开发项目工作，这是一个很重要的组成部分；第二，汽车产业国家创新系统的实施需要的资金，应采取多渠道、多方式、多层次筹集，可考虑设立汽车产业国家创新系统的专用开放型基金，零部件企业要更多地引入风险投资机制，国家集中必要资金支持中心建设，并以股份制方式上市筹资；第三，在国外引资方面同样要采取多种方式进行；第四，在整个系统实施中应有中介机构介入，对项目实行全过程的监测和评估；第五，建议国家确定一些高层次的经济领导机构组织研讨，对汽车产业政策的修订、鼓励汽车产业兼并改组、私人购车消费、对外引资、汽车文化产业策划等重大问题，要统筹考虑，以形成全局性的效应。[78][79]

3. 自主品牌与自主开发

东风公司研究员级高级工程师程振彪于2004年出版了《探索中国汽车自主开发和自主品牌创建之路》一书，该书是中国首部全面、系统、深入研究中国汽车自主开发和自主品牌创建理论及实践的专著。书中对自主开发和自主品牌作了定义，指出自主开发和自主品牌创建是一个长期的过程，是市场行为，不为中资企业所独有，不是中方从合资企业中拉出来单独干；作者指出要把握好开放与自主的尺度，不应片面、过分强调自主开发技术和创建品牌；作者在谈到中国汽车自主开发和自主品牌创建的现实之路时，指出全面展开和推进自主开发和自主品牌创建事业正当时，合资是实现自主开发和自主品牌创建的重要途径之一，要充分利用外部资源，以多种形式进行自主开发和自主品牌创建，并认为开发新型能源清洁汽车是中国创立拥有完全自主知识产权品牌汽车的历史性机遇。[49]相对青年学者，程振彪对自主品牌持有一种平和的心态，他认为，如果中国对各产业按重要性提出自主要求的话，自主汽车不应排在最前列，排在最前面的应是自主能源、自主粮食、自主航空，这些才是最关系中国自主或国家经济安全命运的问题。

路风是第一个以"自主知识产权汽车工业"为课题对中国汽车产业进行研究的人。路风认为，以自主开发为主是使中国汽车产业走上健康发展之路的唯一途径。他论证了几个问题[80]：①为什么在经济全球化条件下仍然要强调自主开发。原因是，经济全球化表现为商品、服务、资本和一小部分"高技能"的人力资源跨越国界的流动，但是，经济全球化没有也不可能导致"组织能力"的跨国界流动，即使市场开放和信息技术的发展导致有关科技知识和管理知识的信息跨越国界的广泛传播，但能够利用这些知识和信息的组织能力仍然是高度不流动的。②为什么产品开发是技术集成的关键环节，原因有三个。第一，发展技术能力的条件和机会与发展技术能力本身不同，全球化可能为落后国家提供过去所没有的学习条件和机会，但决定它们是否能掌握技术能力的关键因素仍然是自己在技术学习和能力发展上的努力。第二，技术进步的两个基本特性从根本上决定了产品开发对于发展技术能力的重要性：其一，技术进步如果能够对经济发展产生影响，就必须采取产品形式；其二，由于产品越来越复杂，所以单项技术越来越不可能定义产品[81]（Iansiti，1998），因此，无论是集成创新还是开放创新，关键都是必须具备产品开发能力。第三，拥有产品开发平台是进行技术集成的前提条件，集成创新的要义就是根据产品开发的需要选择技术[81]，没有产品开发就不可能进行集成创新或开放创新，甚至不可能进行任何意义上的创新，相反，通过产品开发实践掌握了产品开发能力，即使早期的水平较低，一个企业就可以不断在自己的产品开发平台上应用各种新技术，就可以不断发展自己的技术能力并提高产品的水平。③自主开发的必要性在于它是最有效的技术学习方式和途径，而学习是发展组织能力的唯一途径。虽然技术扩散会发生，但技术从先进国家到落后国家的转移并非必然的、自动的、线性的、没有成本的，这种转移的可能性和有效性更主要地取决于落后国家发展本土技术能力的努力，虽然利用先进技术所生产的产品可以很快在全世界销售，但这种先进技术对于经济结构调整的作用只会发生在掌握了这种技术的经济体系内，而不会发生在只能消费由这种先进技术所生产的产品的经济体系中。④自主开发对中国政府来说不是一个可以商量的事情。因为自主开发关系到中国的就业机会，关系到中国劳动人口的收入水平，关系到中国的技术进步和经济结构升级，关系到中国企业和产业的国际竞争力，关系到中国人民的储蓄转化为产生性资本的机会，关系到中国科学和教育事业的发展，关系到中国政府能不能独立实行经济政策，关系到国防实力，关系到中国的主权和独立地位，因此，鼓励、支持和保护自主开发是中国政府对 13 亿人的责任和义务。⑤中国汽车产业实现自主开发只能靠两条腿走路：在引进外国技术和合资的同时，中国汽车产业必须坚持进行产品开发。路风再三强调，引进外国技术是为了技术学习，但无论是购买外国产品技术还是合资生产都不能代替自主产品开发，因为不但产品开发能力只能来自开发实践，而且依赖外国产品技术并不导致在产品开发层次上的技术学习，因此，坚持产品开发是发展出自主开发能力的唯一途径，而引进外国技术只能是为这个过程创造学习条件。

第三章

政策扶持、政府庇荫与
自主品牌缺失的理论框架

本章是本书理论框架、逻辑模型构建部分，为接下来进行实证研究做理论准备。主要是定性分析政策扶持蜕变为政府庇荫，而政府庇荫在一定程度上造成汽车产业自主品牌缺失。主要逻辑思路是，政府与市场有着千丝万缕的关系，在中国的转轨经济过程中，政府在汽车产业中实施其经济职能，对不同企业有不同程度的政策扶持。对中国企业而言，政府往往是影响战略选择的主要因素，利益最大化是企业的动机，在合资成为一种企业资源，并且合资品牌能满足企业及其主要领导者的利益最大化目标时，他们不会把发展自主品牌作为首选目标，这便造成了轿车产业中自主品牌的缺失。

第一节　政府的经济职能

从理论上说，所有企业都受其所在国政府职能的影响，中国企业，特别是汽车企业，政府经济职能的影响更是如影随形，无所不在，因此，必须对政府经济职能有所了解。

一、政府经济职能

政府经济职能，是指政府从社会经济生活的宏观角度，履行对国家经济进行全局性的规划、协调、服务、监督的职能和功能，它是为了达到一定目的而采取的组织和干预社会经济活动的方法、方式、手段的总称。政府经济职能是国家职能的一部分。所谓国家职能，是指国家机器活动的总方向、总任务及其基本使命和基本目的，是国家在实施其阶级统治和社会管理活动过程中担负的职责和功能。国家职能包括三个方面：①政治职能，其功能和作用在于对内控制被统治阶级，镇压敌对势力的反抗，协调统治阶级内部的利益冲突，维持统治秩序；对外维护国家主权的统一和领土的完整，为实现统治阶级的统治和社会经济发展创造良好的外部环境；②经济职能，其功能和作用在于干预社会经济活动，为实现阶级统治和促进社会发展创造物质基础；③公共管理职能，其功能和作用在于管理社会公共事务和发展社会科教文卫事业，以适应社会的政治、经济和文化发展的需要。[21]"一切政治权利起先都是以某种经济的、社会的职能为基础的"[21]，任何国家只有介入社会经济活动和社会公共事务管理，才能最终实现统治阶级的利益。

1. 政府经济职能存在的依据

政府经济职能之所以存在，主要有 4 项依据，如表 3 – 1 所示。

表 3 – 1　政府经济职能存在的依据

政治依据	道德依据	经济依据	技术依据
1. 政治的实质：进行权威性的价值分配 2. 国家统治的本质：维护统治阶级的经济利益 3. 政府经济职能存在的本质：实现国家的政治目的	市场经济存在道德缺陷：背德行为、分配不公、金钱暴君	1. 垄断问题（竞争悖论） 2. 外部性问题 3. 公共物品问题	1. 组织优势（政治制度功能：提取功能、分配功能、管理功能） 2. 资源优势 3. 成本优势（维持政府的存在成本高，但政府一旦存在，其权威的个别行使接近无成本） 4. 信息优势

（资料来源：根据《市场经济条件下政府经济职能规范研究》[82] 整理而成）

2. 政府的经济职能主要内容

关于政府经济职能的主要内容，不同的论著有不同的分类。在郭小聪主编的《政府经济学》中，政府的经济职能主要内容有[21]：①资源配置职能。在市场经济中，主要是通过市场机制实现资源的最优配置，而现实经济生活中，不完全竞争、信息不充分、垄断、外部效应等因素必然导致市场失灵，因而完全由市场机制调节的经济很难达到资源配置的帕累托最优。为了消除市场失灵所造成的资源配置的效率损失，政府必须进行必要的干预。资源配置是政府经济职能在微观领域的实现方式，其核心问题就是如何把稀缺资源配置到最需要的地方，从而使资源得到最有效的利用。②收入再分配职能。在市场经济条件下，收入分配是由市场决定的，这种分配的方式是有效率的，但在公平方面是有所欠缺的，收入分配在市场的调节可能走向两极分化。政府在制定再分配政策方面具有强制性的权力，同时具备强制性的税收征收权，有能力进行大规模的收入再分配活动，因此，政府能够纠正由于生产要素市场不完善所导致的收入不公问题。提供公共物品和实现公平是政府的独特功能，因为市场在这两个领域基本上是失灵的。③稳定经济职能。在市场经济条件下，社会总供给和总需求的不平衡是常见现象，供需失衡必然导致经济波动，市场机制本身虽然可以使经济从一个非均衡状态恢复到均衡状态，但这是一个非常缓慢和痛苦的过程，并且必然以资源的严重浪费为代价。在这种情况下，政府有必要在宏观层面上运用各种经济政策去影响和调节社会总供给和总需求，使经济在尽可能短的时间内以较低的代价恢复到均衡状态。④市场管制职能。在市场经济条件下，多元化的市场主体要自由进入或退出市场，必须用法律来明确市场主体间的产权关系、经济关系和交换关系。只有用法律明确界定和规范市场主体间的权利、义务关系，才能为市场经济的正常运行提供必要的保障，这就需要政府通过法定程序制定规则并监督规则的执行，以规范交易双方的经济行为。

在张岩鸿所著的《市场经济条件下政府经济职能规范研究》中，政府的经济职能主要内容有[82]：①"守夜人"：维护市场机制正常有序运转，建立各式各样的新形式市场。②宏观调控：政府为实现宏观总量平衡，保证经济持续、稳定、协调增长，通过它所掌握的某些经济变量（如财政支出、货币供给量等，而不是行政命令）来影响市场经济中的各种变量的取值，从而引导市场中的各行为主体自动按政府意图行事。③政府管制：政府直接命令（而不是通过市场参数间接诱导市场）各市场主体去从事或停止某项活动。[83]④直接经营：政府通过兴办国有企业或向社会提供基础设施及公共服务的方式，使自己作为独立的法人实体直接参与市场经济活动。

二、汽车产业中的政府职能

1. 汽车生产环节

中国汽车产业生产环节的现行管理体制如表3-2所示。国家发改委的权力最大，它行使长期规划、产业政策、投资审批、产品认证等管理职能；各级国资委行使国有资产管理职能；进口零部件配额的发放由商务部负责；汽车共用技术和先导技术的研发由科技部主导。

表3-2　中国汽车产业生产环节的现行管理体制

部门	管理职能
国家发改委	长期规划、产业政策
	投资审批
	技术改造贴息
	产品认证（公告制）
国资委	国有资产管理
商务部	进口零部件配额
科技部	汽车共用技术和先导技术的研发

（资料来源：根据《迎接中国汽车社会：前景·问题·政策》[55]整理而成）

2. 汽车使用环节

中国汽车产业消费环节的现行管理体制如表3-3所示。从表中可以看到，中国汽车产业消费环节的现行管理体制涉及众多管理部门，表现为多头管理，各部门分头把守某段职能。

表3-3　中国汽车产业消费环节的现行管理体制

部门	管理职能
商务部、海关	汽车进口管理
中国人民银行	汽车金融服务
保监会	汽车保险
公安部门	新车注册
	机动车检验
	机动车驾驶证和驾驶员管理
	道路交通
交通部门	汽车维修保养
	养路费等道路税费
交通和城市规划部门	交通基础设施
环保部门	汽车尾气排放、噪声污染防治

（续上表）

部门	管理职能
技术质量监督检验检疫部门	强制认证（3C认证）、质量、标准化管理
汽车更新领导小组办公室	汽车报废

（资料来源：根据《迎接中国汽车社会：前景·问题·政策》[55]整理而成）

第二节　从政策扶持到政府庇荫

政府在对汽车产业发挥其经济职能的过程中，在对待国有企业、国有合资企业与民营企业时有不同的"父爱主义"情结和"母爱主义"行为，从而对不同资产性质的汽车企业产生不同的庇荫效果，即使是在政府想公正、理性地履行其经济职能以弥补市场失灵时，亦会有行为偏差，从而产生政府庇荫，这是因为存在政府失败的现象。

政府失败的主要原因是：①经济人假设。政府是由政治家和公务员等个人组成的群体，他们都是经济人，都有自己的私欲，都有意无意地以追求自身利益最大化作为行为的准则。②有限理性。政府以及政府中的政治家和公务员并非无所不知、无所不能，它（他）们亦有人类所共有的一些弱点，如知识智能上的有限性，加上现实社会又是如此复杂，即使有的政府官员主观上想把事情办好，也会由于种种局限难以做到，出现好心办坏事的现象。③寻租活动。寻租是指人类社会中非生产性的追求经济利益的活动，或者说是指那种维护既得的经济利益或是对既得利益进行再分配的非生产性活动。现代社会中最常见的寻租活动，是利用行政、法律的手段来阻碍生产要素在不同产业之间自由流动、自由竞争，以维护和攫取既得利益。在汽车产业中，常见的寻租活动是进口许可权、进出口配额、产业进入限制、政府购买等，而且寻租往往与政府庇荫相辅相成。

一、政府经济职能滋生政府庇荫

中国汽车产业现行管理体制是多头管理，这种管理体制制约着中国汽车产业的自主品牌快速发展，这种制约很大程度上通过政府庇荫实现。造成中国汽车产业自主品牌缺失的政府庇荫大部分来源于生产环节中的政府职能部门，本书研究的重点也放在这一部分。

首先，汽车产业的市场准入规则滋生政府庇荫。现行管理体制通过行政手段设置严格的进入门槛，侧重于对生产领域的产业组织结构的管控和对国有企业的保护与扶持，这种进入管制不但增加汽车企业非生产性成本（如企业为通过各种审批支付的"灰色成本"，为应付众多的管理部门而增设的机构和人员），更严重的是把很多民营企业、地方企业排斥在汽车产业之外，从而使中国汽车产业长期失去了竞争性与公平性，失去了市场竞争机制在优化产业组织结构上的作用，同时也把没有资格进行合资，但有可能生产自主品牌汽车的"体制外"汽车企业扼杀于萌芽状态。

其次，管理过程滋生政府庇荫。政府职能部门在对汽车生产、消费领域实施政府经济职能时，往往经济性管制职能①被不合理地加强，而社会性管制职能②则被忽视。在汽车产业生产环节管理体制中，投资审批、产品认证、进口零部件配额是滋生政府庇荫的关键环节。如在合资的问题上，政府庇荫表现得十分明显，能够被批准成立合资公司的厂家，基本上都是备受国家扶持的国有企业，而地方企业、民营企业则被排斥在外，合资成了受庇荫企业的一种垄断资源。在汽车产业消费环节管理体制中，汽车进口管理、汽车金融服务、强制认证、新车注册等环节是政策扶持进行倾斜、选择性照顾的操作性工具。

最后，汽车产品的市场准入规则滋生政府庇荫。除了政府采购存在庇荫，有些地方实行地方保护主义，通过新车注册、汽车保险环节对非本地产品实行市场准入限制。

二、企业寻求政府庇荫

中国汽车产业自主品牌的缺失，究其根源，是中国汽车生产企业本身自主品牌的缺失。企业是产业的细胞，因此，有必要从企业战略制定过程中探讨政府因素在企业战略制定中的作用，从而揭示政府作为主要因素如何影响汽车生产企业的自主品牌策略。

1. 企业战略管理的一般过程

战略管理（Strategic Management）是制定、实施和评价使组织能够达

---

① 指政府为提高市场配置资源的效率、弥补市场失效（自然垄断、市场垄断、信息不完全等），针对市场准入、投资、定价、服务、财务等直接关系企业切身经济利益的环节而实施的一整套制度性约束、标准或准则。

② 指政府为解决外部性问题（节约能源、保护环境、维护消费者权益、维护公众健康与安全等）针对企业的生产经营活动、产品和服务等实施的一整套制度性约束、标准或准则。

到其目标的、跨功能决策的艺术与科学。战略管理旨在对定性的和定量的信息进行组织,以便在不确定的条件下作出有效决策。然而,战略管理不是一种采用精确、明晰、一加一等于二式的方法的纯粹科学。[84]迈克尔·波特在《竞争战略》一书中指出,企业在制定竞争战略时,至少应该考虑如图3-1所示的各种因素。[85]

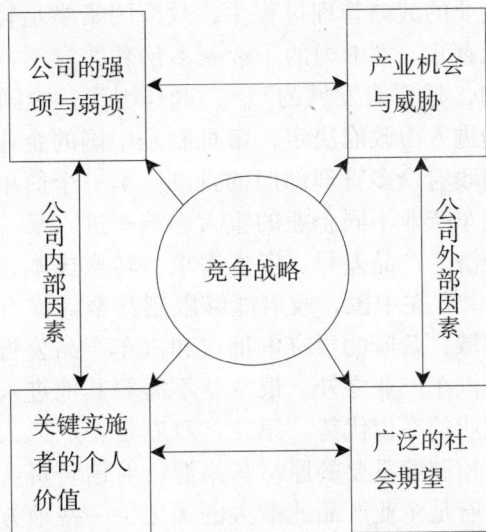

图3-1 制定竞争战略的环境

具体而言,品牌战略由企业实施,企业在战略制定过程所要决定的问题包括:为谁生产?企业进入何种新产业?放弃何种产业?如何配置资源?是贴牌生产还是自主品牌?是否扩大经营或进行多元经营?是否进入国际市场?是否进行合并或建立合资公司?其中能否进入和是否合资是到目前为止对自主品牌影响最大的两大因素。

2. 企业战略管理过程中的政府因素

政府因素在企业战略管理过程中,一般表现为外部因素(external forces)。企业进行外部分析(environmental scanning)的重点是识别和评价超出某一公司控制能力的外部发展趋势与事件,外部分析揭示了企业所面临的主要机会与威胁,从而可以使管理者用适当的战略,利用机会,回避威胁或减轻这些威胁的影响。外部因素大致分为五类:经济因素;社会、文化、人口和环境因素；政治、政府和法律因素；技术因素；竞争因素。其中的政治、政府和法律因素又可细分为政府管制与解除管制、税法的改变、特种关税、各部委政策、专利法的修改、环境保护法、平等就业法律、政府补贴水平、反垄断法规等，这些因素对大小汽车企业都构成重要的机会与威胁。从 RBV 视角看，政府因素可内化为政治关联、政治资源、社会资本等企业内部资源与能力。

在中国，在企业的战略管理过程中，政府因素举足轻重，有的甚至可以决定企业的生死存亡。"中国的企业家不傍着政府不行的，没有政府的扶持是干不成事的，是不能发展的"[5]，这是因为，中国市场是由政府主导的。第一，市场进入由政府决定，审批制是中国的企业制度。办任何一个企业，都要得到政府众多管理部门的批准。举一个简单的例子，便可以说明政府因素对汽车产业不同企业的重大影响。进入某一产业最主要的壁垒有六种：规模经济、产品差异、资本需求、转换成本、分销渠道、与规模无关的成本优势，[85]在中国，政府能够限制甚至封锁企业对某产业的进入，特别在汽车领域，政府的投资审批权和汽车产品公告认证长期把地方和民营企业排斥在汽车产业之外，根本就不需要其他进入壁垒来保护国有企业或国有合资企业的在位优势。第二，政府是企业最大的供应商和最大的客户，政府间接控制着重要的原材料来源，对信贷资金仍有很大的控制权，很多情况下政府是企业产品的最大的买主，一些地方政府仍然可以限制一个企业产品的市场范围，某种程度上说，中国企业家的行为是面向政府的，而不是面向市场的。第三，政府政策在左右着企业的发展，政策风险仍是中国企业面临的最大的风险，中国企业的失败，政策变化的原因多于市场风险的原因，对企业家来讲，预测政策的变化比预测市场的变化更加重要。

既然政府因素如此重要，企业家要办企业，就必须以各种方法来利用政府因素：一是给企业"戴红帽子"，即使是办一个私人企业，也要想办法让它看起来像个集体企业、乡镇企业甚至国有企业，这就是所谓的"染红"；二是企业家直接进入能够影响政府决策的部门（比如当政协委员、人大代表、全国劳模），在政府内部建立起关系网，甚至贿赂政府官员。[5]

三、转轨经济助长政府庇荫

改革开放以前，中国的计划经济模式模仿苏联模式，在计划经济模式下，整个社会是一个巨大的公司，政府是这个国家垄断公司的总管，所有的人民都是这个公司的雇员，政府运用庞大的国家机器和一套命令体系，令行禁止，计划并指挥全国大大小小的企业厂矿，管理着一个巨型公司，控制着社会经济生活。在计划经济条件下，虽然对国民经济而言，企业有轻重之分，但是各式各样大大小小的企业厂矿都处于政府的严密控制和管理之中，出于政府对国家经济进行管制的目的，政府庇荫虽然产生，但是并不明显。只有在转轨经济环境下，本书所定义的政府庇荫才得以发展扩大。政府庇荫产生的根源主要是在社会经济发展进程中，政府与市场相互关系的暧昧，在转轨经济环境中，政府对部分企业进行保护，这种保护的初衷是针对外国企业的侵袭，但是对国内企业来说，这种对个别或小部分企业的保护，造成了国内企业生存环境的不公平，部分受庇荫企业或产业有意无意地利用这种庇荫，政府庇荫由此滋长蔓延。

如果说政府庇荫的产生，一开始出自政府对保护国民经济健康发展的一片好心，并不产生腐败，那么在双轨制过程中，在从计划经济向市场经济过渡的漫长过程中，政府庇荫亦会为腐败的滋长创造环境。时至今日，随着社会主义市场化进程的深入，这种初衷良好的政府庇荫已经成为产业健康发展的障碍。

在中国，政府管制严格的产业（如电信、石油、汽车等），生产企业不但要在企业战略制定过程中把政府因素作为一个重要因素，而且，企业战略制定者一旦把政府因素纳入视野，那么能否谋求政府庇荫以获取战胜竞争对手的政治资源便顺理成章成为下一步行动的关键。政府庇荫不但体现在不同产业中，也体现在同一产业的不同企业中，在表现形式和影响程度上虽不尽相同，但是性质并无二致。

第三节　政府庇荫与自主品牌缺失

自20世纪80年代以来，中国家电产业发展迅猛，时至今日，家电产业成为发展最快、最成功的产业之一，已形成庞大的生产制造规模，成功实现了国产化和竞争力方面的突破。中国家电产业规模已超越美国和日本，成为世界家电生产大国，并正从家电大国向家电强国迈进。汽车产业与家电产业同属组装加工制造类产业，技术和市场结构相近，对规模经济有较高要求。但是，由于家电产业与汽车产业实施不同的产业政策，导致产业庇荫及产业内企业庇荫不同，两个产业今天的发展状况已经迥然不同。

了解并分析家电产业的政府庇荫与其自主品牌的发展关系，对分析汽车产业有很好的借鉴作用，为此，在本节中，通过回顾家电产业的发展情况，将它与汽车产业作简单扼要的比较。

一、政府庇荫的淡化与自主品牌的创立

1. 家电产业现状

（1）市场份额。中国家电产业生产规模已居世界首位，全球 77% 的家用电器在中国生产。根据中怡康的调研数据显示，中国家电市场规模在 2011 年突破 12 000 亿人民币。[86]格力、美的空调器产销量均已近 3 000 万台，占到全球产量的 20% 以上；格兰仕、美的微波炉的产销量已近 2 500 万台，占到全球总量的 25% 以上；海尔集团冰箱、洗衣机产销量均已超过 1 000 万台，产量均占到全球总量的 10% 以上。[87]

（2）出口情况。2010 年，家电产业实现贸易总额 425 亿美元，完成出口额 397 亿美元，贸易顺差额达到 369 亿美元。[88]中国家电产业出口 190 多个国家和地区，其中对发达国家及地区的出口比重较大。2013 年，中国家电产业出口额增至 614.4 亿美元，其中大家电（包括零件）出口额为 269.3 亿美元，空调器出口额为 101.1 亿美元，出口量 4 414 万台，电冰箱（包括冷柜）出口额为 50.4 亿美元，出口量 3 545 万台，洗衣机出口额为 27.5 亿美元，出口量 1 899 万台，小家电出口额为 341.8 亿美元。[89]出口产品结构向提高产品附加值方向发展。中国产品不但打入了欧、美、日等消费要求苛刻的市场，而且已有一些名牌企业在国外建立了生产基地和营销网点，呈现出采购与销售的全球化趋势。

（3）产业结构及发展状况。①生产集中度不断提高：家电产业在竞争中提高了整体水平，一批知名企业在竞争中脱颖而出，它们的规模已接近或超过世界知名的家电企业；经过竞争，名牌企业的生产规模与市场份额不断扩大。早在 1999 年，电冰箱前四位（科龙、海尔、新飞、美菱）集中度就已达 61.6%，海尔、春兰、格力、美的、科龙 5 家空调企业就已经占全国总产量的 50%，小天鹅、海尔、荣事达、威力、金松、金羚、小鸭 7 家洗衣机企业占全国总产量的 71.4%。2010 年家电产业销售收入百亿元以上的企业集团达 7 家，其中过千亿元企业 2 家，海尔、美的、格力、海信科龙、格兰仕 5 家企业集团的销售收入合计超过 3 600 亿元，占家电产业销售收入总额的 1/3 强。2011 年家电类消费品的市场集中度进一步提

高，销量前十位品牌的市场占有率达到 83.8%。[90]②品牌优势明显，产业升级迅速：家电产业的技术发展开始从引进型向开发型过渡，在很多产品领域中，能及时跟踪世界最新技术发展动向，并能根据市场的需要进行创新，具备了一定的开发能力；一些有实力的大型家电企业通过资产重组、联合兼并，实行多元化经营，充分发挥了经营与品牌的优势，在竞争中赢得市场，逐步形成了抗衡国际强手的竞争实力，这些企业不仅受到全行业的尊重，也得到了国际上的广泛尊重。

（4）自主品牌建设。中怡康的调研数据显示，在中国家电市场的前十位品牌中，中国品牌的数量较多，其中，洗衣机品牌有 3 个，冰箱品牌有 6 个，燃气热水器品牌有 6 个，空调、电饭煲、净水器品牌总共有 7 个。从目前数据来看，中国家电品牌在国内和国外都取得了不错的成绩，在国内市场，中国品牌市场份额更是超越了外资品牌。[86]家电企业除了重视自身品牌的建设，也迈出了打造国际品牌的步伐，海尔、美的、格力和 TCL 等家电企业纷纷开拓海外市场，使中国家电品牌进入了全球消费者的视野。

2. 家电产业发展的主要经验

（1）政府淡出，庇荫破除。家电产业率先开放，较早实行市场经济，这使得一大批家电企业经营机制得到转变，成为市场化程度较高的竞争性产业。政府庇荫的破除，使不同经济成分的家电企业处于同一起跑线上，国有企业不能再在温室中受庇护，民营企业有了公平竞争的机会，各种经济成分共同发展，极大地增强了家电产业发展的活力和生机，这在体制和机制上为家电产业发展创造了条件。市场的开放为中国家电产业与国际接轨创造了有利条件，引进国外先进技术为中国家电产业立足国内、走向世界奠定了坚实的基础。

（2）市场竞争。在竞争中发展，始终是中国家电产业的成长轨迹，市场竞争推动了中国家电产业的发展壮大。竞争的结果是企业向规模化、集团化方向发展。随着市场的日益开放和外资企业的进入，国际竞争已国内化，国内市场已日趋国际化，为了寻求更大的市场空间与发展机遇，中国家电企业实施了国际化战略，积极投身于国际市场竞争，中国家电企业正是在参与国际竞争过程中增强了竞争力，而为了能够成功地进入国际市场，就必须进行技术创新以增强竞争实力，这进一步推动了整个家电产业的发展壮大。

（3）自主品牌意识。全球化条件下，国际市场的竞争，是品牌的竞争。中国家电企业从初创之时起就具有强烈的品牌意识，把自主品牌作为必不可少的竞争利器，它们坚持打造自己的品牌，注意品牌形象宣传，运用多种形式树立国际形象。这种强烈的品牌意识，使中国家电产品树立了国际形象，拓展了国际市场，也正是这种坚持打造自主品牌的志气和努力，使家电产业赢得国人的称赞和支持。

二、政府庇荫的长期存在与自主品牌缺失

1. 汽车产业、家电产业的政策差异与绩效比较

张占斌将汽车产业与家电产业的政策差异与绩效作了比较[54]（见表3-4）并把汽车产业与家电产业的绩效差异归因于产业政策本质上是否遵循比较优势原则。这是从比较优势的角度进行考察得出的结论，笔者从政府庇荫的视角出发，认为是政府庇荫决定了两个产业的绩效差异。

表3-4　汽车产业与家电产业的政策差异与绩效比较

	汽车产业	家电产业
趋同背景	1. 中央政府和地方政府均高度重视 2. 发展初期产业结构不合理、产业组织集中度低、产业技术较落后 3. 地方政府、企业对这一产业的进入要求非常强烈	
差异关键	1. 中央政府采取严格进入限制政策 2. 缺少市场开放和充分而激烈的市场竞争	1. 中央政府采取自由化政策 2. 市场开放导致了充分而激烈的市场竞争
绩效结果	1. 产业组织分散且优势企业没有出现 2. 产业发展缓慢且不具备国际竞争力	1. 产业组织集中且优势企业得以出现 2. 产业发展较快且具备国际竞争力
政策本质	违背了比较优势的原则	遵循了比较优势的原则

2. 政府庇荫：自主品牌的关键变量

（1）相同的起点。从表3-4可以看到，改革开放以前，汽车产业与家电产业十分相似，两个产业都受中央政府的重视，在国家"七五"计划以后都被选定为国家支柱产业；发展初期产业结构不合理、产业组织集中度低、产业技术较落后，都存在"大而全，小而全"的问题；20世纪70

年代末，由于两个产业都表现出严重供不应求的情况，具有非常强大的投资吸引力，地方政府、企业对这两个产业的进入要求非常强烈。

（2）不同的政府庇荫。改革开放初期，中央政府对两个产业的产业政策基本相同，都是采取严格的进入限制政策，但是后来两个产业却走出了不同的发展路径，导致了政府庇荫的不同。汽车产业的严格进入限制政策一直延续下来，产业政策严重向"三大三小"①或中央企业倾斜，在政府庇荫下，即使受保护的企业产业集中度明显提高（从表3－5可以看出，中国轿车产业的市场集中度并不低，基本属于贝恩分类法中的寡占型），但是整个产业尤其是合资企业的国际竞争力却不能快速地提高，自主品牌更是被受庇荫企业所忽视、抛弃。时至2013年，中国汽车产业的发动机控制系统、安全气囊、ABS系统等部分高技术含量系统几乎全部被外资垄断，[91]绝大多数国产轿车的核心部件缺乏自主知识产权，国际分工的低端"锁定效应"和引进技术的"依赖效应"依然存在，自主品牌建设更是举步维艰。

表3－5　2010年前十家汽车生产企业销量排名及其集中度[92]

排名	企业名称	销量（万辆）	市场份额（%）	市场集中度 CRn（%）
1	上汽	355.50	20.51	20.51
2	东风	252.03	14.54	35.05
3	一汽	248.60	14.34	49.39
4	长安	228.57	13.19	62.58
5	北汽	146.00	8.42	71.00
6	广汽	71.77	4.14	75.14
7	奇瑞	59.73	3.45	78.59
8	比亚迪	48.68	2.81	81.40
9	江淮	43.12	2.49	83.89
10	吉利	39.27	2.27	86.15

---

① 一汽、二汽和上汽三个轿车生产基地（三大）和北京、天津、广州三个轿车生产点（三小）。

与汽车产业不同，家电产业的严格进入限制政策，在80年代被地方政府和企业打乱后，中央政府适时改变了政策的方向，采取自由化政策，政府庇荫被破除，那些在政府庇荫下靠优先获取资源分配权发展起来的"优秀"企业纷纷落马，而善于竞争、善于市场营销的企业脱颖而出。家电产业在经历了20世纪80年代高速发展之后，由于市场竞争加大，90年代进入了结构调整和规模化、集中化时期，形成了一批能够主导市场、具有知名品牌和较高营销水平的家电企业集团。

政府一直想从产业政策、引进外资和促进竞争等多方面促进产业组织和企业组织的合理化，其用心良苦但收效甚微，但是，家电产业的实践证明，形成摒弃政府庇荫、以竞争为主的市场结构是促进产业组织和企业组织合理化的最有效手段。国家采取行政力量来干预市场行为，受庇荫的产业和企业靠保护而维持的生存能力是一种假象，产业及企业的功能退化，不通过市场竞争，终难解决市场条件下的自生能力问题。汽车产业和家电产业的绩效差异充分说明，破除政府庇荫及随后的市场竞争是产业创立自主品牌的关键因素。现代产业组织理论表明，只要保持竞争性的市场结构，存在潜在进入者，即使在刚开始存在政府庇荫也并不十分可怕，因为，竞争性的市场结构会促使各种企业（包括受庇荫企业）利用先进的产品和技术来进行竞争，从而加快技术进步的步伐，竞争性的市场结构能有效地防止受庇荫企业的市场垄断，促进产业的开放与竞争。

第四节　本书逻辑框架

本章第一节对政府经济职能进行了分类和介绍，尽管对政府的经济职能主要内容有不同的分类，但是用"守夜人"、宏观调控、政府管制、直接经营这四大职能来描述较为符合本书的讨论；第二节从企业战略管理的角度出发，论述了转轨经济背景下，在企业战略管理过程中，政府发挥着举足轻重的作用；第三节认为政府在汽车产业中实施其政府经济职能时，产生了政府庇荫，政府庇荫导致了产业自主品牌的缺失，这从汽车产业和家电产业的比较中可以得到佐证。循着这一思路，本研究的逻辑框架亦已构成，如图3-2所示，政府在汽车产业中实施其政府经济职能时，在产业准入、合资资格、过程管理等环节对国有汽车企业进行初衷良好的政策扶持，这些政策扶持在转轨经济过程中蜕变为受扶持企业的垄断资源，屏蔽了市场竞争的筛选机制和企业自主创新的激励机制，从而导致企业自主品牌缺失等有损国民福利的危害。

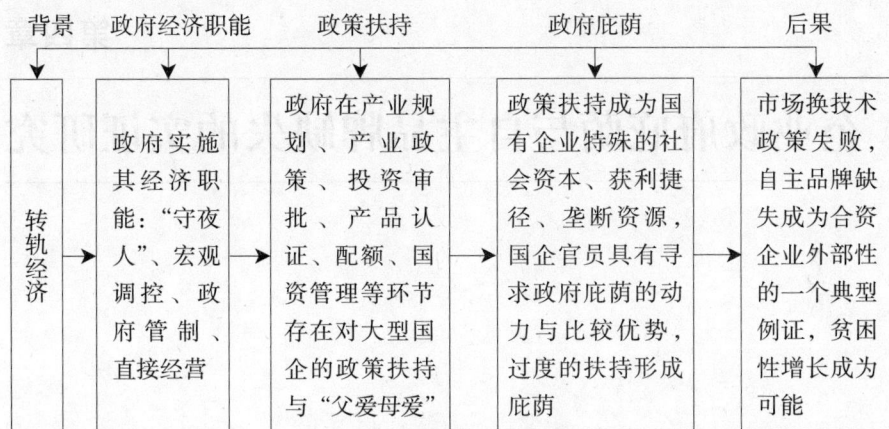

背景	政府经济职能	政策扶持	政府庇荫	后果
转轨经济	政府实施其经济职能："守夜人"、宏观调控、政府管制、直接经营	政府在产业规划、产业政策、投资审批、产品认证、配额、国资管理等环节存在对大型国企的政策扶持与"父爱母爱"	政策扶持成为国有企业特殊的社会资本、获利捷径、垄断资源，国企官员具有寻求政府庇荫的动力与比较优势，过度的扶持形成庇荫	市场换技术政策失败，自主品牌缺失成为合资企业外部性的一个典型例证，贫困性增长成为可能

图 3 - 2 研究的逻辑框架

第四章

企业政府庇荫与自主品牌缺失的实证研究

　　本章将对轿车企业的政府庇荫与自主品牌缺失两个关键概念进行测量和量化，通过数据分析探索中国轿车企业政府庇荫度与自主品牌缺失度两者之间的数量关系。

第一节　　研究设计

　　李怀祖在《管理研究方法论》中提出，研究工作的价值在于：许多人耳闻目睹甚至习以为常的现象，某个有心的研究者能把握住它所蕴含问题的分量和潜在的价值，把它作为研究主题提出来，并进行学术论证，用数据、事实、科学分析来说话，排除各种各样似是而非的理论解释。[93]为测量政府庇荫，建立图 4 – 1 实证模型。这个模型拟把人们习以为常的政府庇荫进行量化，并试图找到它与自主品牌缺失的关系。

　　自主品牌产品是由生产企业创造的，由于不同的企业所拥有的资源（资金、人力资源、政治资源等）不同，这将决定具体企业的自主品牌策略，由此造成不同企业、不同产业的自主品牌数量不同。为了证明政府庇荫和自主品牌缺失呈正相关关系，可从两个方面来证明：企业政府庇荫度和企业自主品牌缺失度正相关（H_1），产业政府庇荫度和产业自主品牌产品密度负相关（H_2）。这是模型中的第一层假设。

　　H_1 可分解为第二层假设：H_{1-1}，越受产业政策扶持的企业越容易失去原有自主品牌；H_{1-2}，企业行政级别越高越没有自主品牌；H_{1-3}，企业国有成分越高越没有自主品牌。通过对企业政府庇荫度量化测量，并与具体企业的自主品牌数建立数量关系，可对 H_1 进行实证。这部分工作将在本章进行。

　　H_2 可分解为第二层假设：H_{2-1}，汽车产业自主品牌产品密度低；H_{2-2}，家电产业自主品牌产品密度高。通过对不同产业政府庇荫度量化测量，并与具体产业的自主品牌数建立数量关系，可对 H_2 进行实证。这部分工作将在下一章进行。

主题	政府庇荫与自主品牌缺失 呈正相关关系		←	转轨经济背景下 "市场换技术"假设下 比较优势理论指导下	

一层假设	H₁：企业政府庇荫度与自主 品牌缺失度呈正相关关系	H₂：产业政府庇荫度与自主 品牌产品密度呈负相关关系

二层假设	H_{1-1}：越受产业政策扶持的企业越容易失去原有自主品牌	H_{1-2}：企业行政级别越高越没有自主品牌	H_{1-3}：企业国有成分越高越没有自主品牌	H_{2-1}：汽车产业自主品牌产品密度低	H_{2-2}：家电产业自主品牌产品密度高

变量	企业政府庇荫度	企业自主品牌缺失度	产业政府庇荫度	产业自主品牌产品密度

变量属性	1. 政策扶持度 2. 企业行政级别 3. 企业老总任命部门 4. 企业背景 5. 企业资产构成	5级评分	1. 合资外国品牌：0 2. 合资品牌：0.5 3. 自主品牌：1	1. 产业政策 2. 投资规模 3. 产品目录 4. 受扶持企业	3级评分	200强企业中的汽车、家电产业的自主品牌产品密度

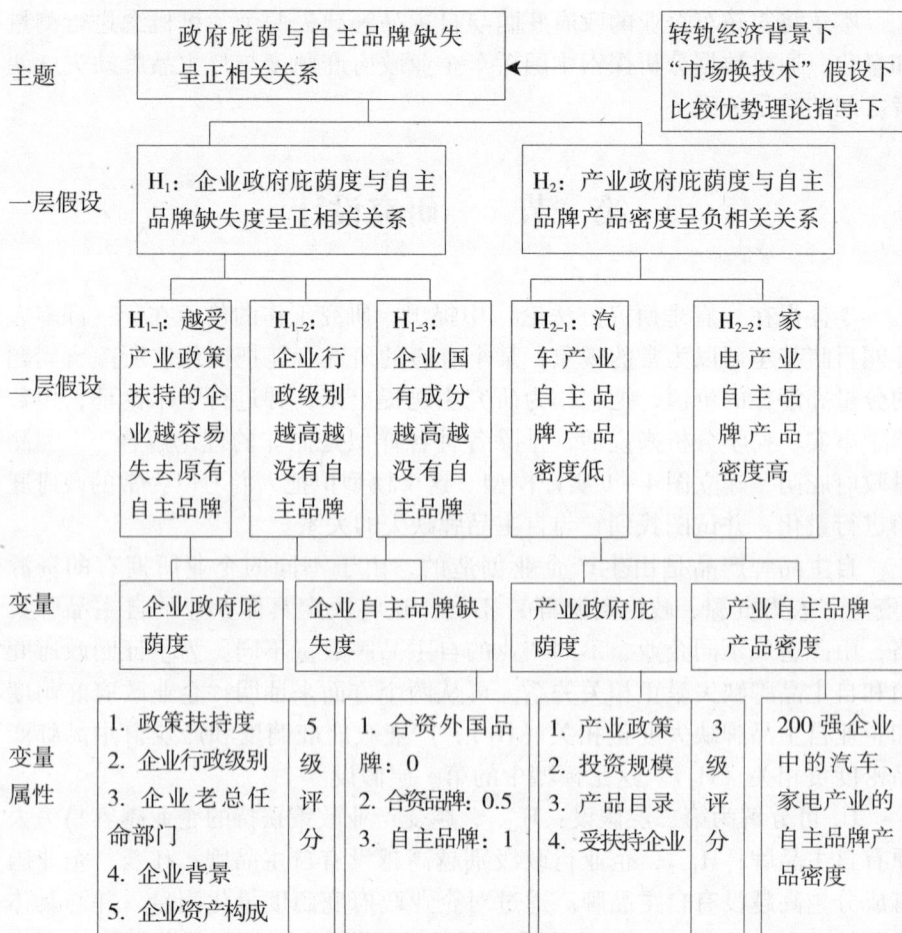

图 4 - 1　实证模型

第二节　企业自主品牌产品密度和缺失度的测量

一、样本

1. 原始样本

根据中国汽车技术研究中心、中国汽车工业协会编制的《中国汽车工业年鉴 2011》，2010 年国内轿车（含轻微型客车公告的轿车）企业有 38

家（见附录）。[2]

2. 样本的合并与整理

研究对象拟以集团公司为单位，主要理由有：一是避免样本的同质性，二是加强样本的可比性，三是考虑到国有企业中子公司不具备完备的决策权限，其行为与结果往往体现总公司的决策意图。附录中的38家轿车生产企业，有的隶属同一汽车集团，如东风本田汽车有限公司、东风乘用车有限公司、东风日产乘用车公司、神龙汽车有限公司、东风悦达起亚汽车有限公司都是隶属东风汽车集团的企业（详见附录），又如上海大众汽车有限公司、上海通用汽车有限公司都是上海汽车工业（集团）总公司旗下的子公司，是上海汽车工业（集团）总公司与德国大众汽车公司和美国通用汽车公司进行合资时分别成立的合资企业（子公司），这些合资企业所生产的产品品牌（不论是外国品牌还是自主品牌），都应被视为上海汽车工业（集团）总公司的行为结果；广汽本田汽车有限公司是广州汽车工业集团有限公司与本田汽车公司进行合资时成立的合资企业（子公司），应该测度的是广州汽车工业集团有限公司的政府庇荫度，类似的还有一汽海马汽车有限公司等；没有母公司的独立公司，如浙江吉利控股集团有限公司，则其自身就是研究对象。因此，把38家轿车生产企业按所属集团进行分类、合并，形成20个新样本，同时，对各个新样本的轿车品牌进行分类（自主品牌、合资品牌、合资外国品牌），形成表4－1。注意到表中"合资品牌"一栏为空白，这是因为所有合资企业至今仍没有生产出合资品牌轿车。

表4－1　样本的合并与整理

序号	企业名称	合资外国品牌	合资品牌	自主品牌
1	上海汽车工业（集团）总公司 　上海大众汽车有限公司 　上海汽车集团股份有限公司 　上海通用汽车有限公司 　上海通用五菱汽车股份公司	CROSS POLO、波罗、晶锐、郎逸、明锐、帕萨特领驭、桑塔纳、昊锐 别克、君越、凯迪拉克赛威、凯越、新赛欧、雪佛兰、英朗 SPARK		MG、荣威

（续上表）

序号	企业名称	合资外国品牌	合资品牌	自主品牌
2	中国第一汽车集团 　天津一汽夏利汽车股份有限公司	夏利		威乐、威姿、威志
	一汽—大众汽车有限公司	CC、高尔夫、捷达、迈腾、速腾、新宝来、奥迪		
	天津一汽丰田汽车有限公司	花冠、皇冠、卡罗拉、普锐斯、锐志、威驰		
	一汽海马汽车有限公司			福美来、海马3、丘比特
	一汽轿车股份有限公司	马自达		奔腾、红旗、睿翼
3	东风汽车集团 　东风本田汽车有限公司 　东风乘用车有限公司	思铂睿、思域		风神
	东风日产乘用车公司	玛驰、新天籁、新阳光、轩逸、颐达、骊威、骐达		
	神龙汽车有限公司	C2、C5、爱丽舍、凯旋、世嘉、标致		
	东风悦达起亚汽车有限公司	福瑞迪、锐欧、赛拉图、秀尔、远舰		
4	长安汽车（集团）有限责任公司 　长安福特马自达汽车有限公司	福克斯、蒙迪欧致胜、新嘉年华、马自达、沃尔沃		
	长安铃木汽车有限公司 　长安汽车股份有限公司	羚羊、天语、新奥拓、雨燕		CX、奔奔、奔奔迷你、悦翔、志翔

（续上表）

序号	企业名称	合资外国品牌	合资品牌	自主品牌
5	广州汽车工业集团有限公司 　　本田汽车（中国）有限公司 　　广汽本田汽车有限公司 　　广汽丰田汽车有限公司	爵士 飞度、锋范、歌诗图、思迪、雅阁 凯美瑞、雅力士		
6	北京汽车工业控股有限责任公司 　　北京奔驰汽车有限公司 　　北京现代汽车有限公司	奔驰 I30、领翔、名驭、瑞纳、索纳塔、雅绅特、伊兰特、御翔、悦动		
7	奇瑞汽车股份有限公司			QQ、东方之子、风云、奇瑞、旗云、瑞麒
8	南京汽车集团有限公司			MG、R350
9	比亚迪汽车有限公司			比亚迪
10	哈飞汽车股份有限公司	赛马		路宝、赛豹
11	江西昌河汽车股份有限公司	北斗星、利亚纳		爱迪尔
12	福建省汽车工业集团公司 　　东南（福建）汽车工业有限公司	戈蓝、蓝瑟、蓝瑟翼神		菱悦
13	湖南江南汽车制造有限公司	江南		
14	贵航青年莲花汽车有限公司	莲花		

（续上表）

序号	企业名称	合资外国品牌	合资品牌	自主品牌
15	浙江吉利控股集团有限公司			TX4、帝豪、海锋、海景、海尚、海迅、海域、海悦、金刚、远景、金鹰、熊猫、中国龙、自由舰
16	长城汽车股份有限公司			精灵、酷熊、凌傲、腾翼、炫丽
17	海南汽车有限公司海马（郑州）汽车有限公司			海马王子
18	华晨汽车集团控股有限公司华晨宝马汽车有限公司华晨金杯汽车有限公司	宝马		骏捷、酷宝、中华
19	安徽江淮汽车股份有限公司			宾悦、和悦、同悦、悦悦
20	重庆力帆乘用车有限公司			力帆

二、企业自主品牌产品密度

中国轿车企业所生产轿车的品牌属性分为三类：

（1）自主品牌：指轿车企业对形成产品所用技术拥有（自行设计或委托设计）自主知识产权的品牌（对中国轿车产业而言，强调设计确认权、后续修改权、资本归属）。像华晨金杯汽车有限公司生产的中华牌轿车便是自主品牌。在计算企业某个品牌轿车的自主品牌产品密度时，这种品牌的汽车的自主品牌产品密度为1。

（2）合资品牌：指中外合资企业对所产轿车共同拥有知识产权的品牌。中国境内的汽车合资企业至今尚没有这种品牌。从理论上讲，合资企业开发出自己的品牌是可能的，但是，当前汽车合资企业的股比结构大多是50∶50，这样的企业创造出的品牌并不能称为完全的"自主品牌"，故称为"合资品牌"。在计算企业某个品牌轿车的自主品牌产品密度时，这种品牌的汽车的自主品牌产品密度为0.5。

（3）合资外国品牌：指中外合资企业对所产轿车只由合资外方拥有知识产权的品牌。中国境内的汽车合资企业迄今为止都是这种品牌。像广汽本田汽车有限公司生产的雅阁、奥德赛、飞度都是这种品牌。在计算企业某个品牌轿车的自主品牌产品密度时，这种品牌的汽车的自主品牌产品密度为0。

企业自主品牌产品密度，是指轿车生产企业某年所生产的所有轿车产品中，自主品牌轿车所占数量或产值（本研究采用数量）的百分比，即：

企业自主品牌产品密度 =（自主品牌轿车数量×1 + 合资品牌轿车数量×0.5 + 合资外国品牌轿车数量×0）÷企业当年所有轿车产量

三、企业自主品牌产品缺失度

本书是研究1978年改革开放以来，中国轿车产业中政府庇荫与自主品牌缺失之间的相关关系，对样本数据的统计时段为1978年和2010年两个截面。

定义自主品牌产品缺失度：

企业自主品牌产品缺失度 = 早期企业自主品牌产品密度 − 现期企业自主品牌产品密度

"早期"（1978年）的企业自主品牌产品密度分两种情况，一种是1978年前就生产轿车的企业，其自主品牌产品密度采用1978年的数据，如第一汽车集团1978年的企业自主品牌产品密度为1，它"现期"（2010年）的企业自主品牌产品密度为0.172，则它的企业自主品牌产品缺失度为1 − 0.172 = 0.828；另一种是1978年后成立的轿车生产企业，其早期自主品牌产品密度为 0，因为它在 1978 年还没有进行自主品牌轿车生产，如浙江吉利控股集团有限公司 1998 年才进入汽车产业，它自成立之日起至今都是生产自主品牌的轿车，故其企业自主品牌产品缺失度为 0 - 1 = - 1，又如广州汽车工业集团有限公司，它在 1978 年还没有进行自主品牌轿车生产，它自成立之日起至今都是生产合资外国品牌的轿车，故其企业自主品牌产品缺失度为 0 - 0 = 0。

20 个样本中，除上海汽车工业（集团）公司、中国第一汽车集团于 1978 年前生产上海牌、红旗牌轿车外，其余轿车生产企业都是 1978 年后成立（或才进行轿车生产）的，故上海汽车工业（集团）公司、中国第一汽车集团早期企业自主品牌产品密度都为 1，其余 18 个样本的早期企业自主品牌产品密度为 0。

按企业自主品牌产品缺失度的定义和中国轿车产业的发展轨迹，可把现阶段中国轿车企业分为三类：

第一类，企业自主品牌产品缺失度为 - 1 的企业，这类企业只生产自主品牌的轿车，如上汽集团奇瑞汽车股份有限公司。

第二类，企业自主品牌产品缺失度为 0 的企业，这类企业只生产合资外国品牌的轿车，并且合资之前没有生产过自主品牌的轿车，如广州汽车工业集团有限公司。

第三类，企业自主品牌产品缺失度介于 - 1 与 1 之间（不含 0）的企业，这类企业既生产合资外国品牌的轿车，又生产自主品牌的轿车，如中国第一汽车集团，它既生产奥迪、捷达、马自达等合资外国品牌的轿车，又生产红旗这样的自主品牌的轿车。

根据附录的数据，在表 4 - 1 的基础上，计算出各轿车生产企业自主品牌产品密度和缺失度，见下表。

表 4 - 2　企业自主品牌产品密度和缺失度

序号	企业名称	说明或自主品牌密度的计算	现期自主品牌产品密度	早期自主品牌产品密度	自主品牌产品缺失度
1	上海汽车工业（集团）公司	第三类，MG、荣威等产量 103 880，总产量 2 082 870，103 880/2 082 870 = 0.049 87	0.050	1	0.950

（续上表）

序号	企业名称	说明或自主品牌密度的计算	现期自主品牌产品密度	早期自主品牌产品密度	自主品牌产品缺失度
2	中国第一汽车集团	第三类，红旗、睿翼等产量 317 811，总产量 1 850 659，317 811/1 850 659 = 0. 171 73	0.172	1	0.828
3	东风汽车集团	第三类，风神产量 26 834，总产量 1 357 853，26 834/1 357 853 = 0.019 76	0.020	0	−0.020
4	长安汽车（集团）有限责任公司	第三类，奔奔、悦翔等产量 189 510，总产量 791 777，189 510/791 777 = 0.239 35	0.239	0	−0.239
5	广州汽车工业集团有限公司	第二类	0	0	0
6	北京汽车工业控股有限责任公司	第二类	0	0	0
7	奇瑞汽车股份有限公司	第一类	1	0	−1
8	南京汽车集团有限公司	第一类	1	0	−1
9	比亚迪汽车有限公司	第一类	1	0	−1
10	哈飞汽车股份有限公司	第三类，路宝、赛豹等产量 17 481，总产量 20 464，17 481/20 464 = 0.85 423	0.854	0	−0.854
11	江西昌河汽车股份有限公司	第三类，爱迪尔产量 855，总产量 763 77，855/763 77 = 0.011 19	0.011	0	−0.011

（续上表）

序号	企业名称	说明或自主品牌密度的计算	现期自主品牌产品密度	早期自主品牌产品密度	自主品牌产品缺失度
12	福建省汽车工业集团公司	第三类，菱悦产量 74 169，总产量 106 846，74 169/106 846＝0.694 17	0.694	0	−0.694
13	湖南江南汽车制造有限公司	第二类	0	0	0
14	贵航青年莲花汽车有限公司	第二类	0	0	0
15	浙江吉利控股集团有限公司	第一类	1	0	−1
16	长城汽车股份有限公司	第一类	1	0	−1
17	海南汽车有限公司	第一类	1	0	−1
18	华晨汽车集团控股有限公司	第三类，骏捷、中华产量 168 670，总产量 224 252，168 670/224 252＝0.752 14	0.752	0	−0.752
19	安徽江淮汽车股份有限公司	第一类	1	0	−1
20	重庆力帆乘用车有限公司	第一类	1	0	−1

第三节　政府庇荫的测量

在表4−2中，已用"企业自主品牌产品密度"对"自主品牌缺失"

进行量化和数据收集，生成自主品牌缺失度数据，下面将对企业的政府庇荫程度进行界定和量化，形成数量化的概念——"企业政府庇荫度"，并进行数据收集和整理。

一、政府庇荫度的界定与测量指标

1. 政府庇荫度的界定

第一章已对"政府庇荫"的内涵界定如下：政府庇荫是指政府实施其经济职能时，对部分企业施加的带有父爱母爱主义色彩的影响，而企业出于个体理性可利用这种影响实现与政府目标不一致的自身利益。政府庇荫度是指某企业或产业受政府庇荫的程度。政策扶持与政府庇荫既有区别又有联系，两者都是对经济、对企业的干预，但是政策扶持具有合法性、公平性、合理性，政府庇荫则是一种歧视行为，是一种行政权力通过市场经济寻取租金的腐败行为，政府干预是政府庇荫存在的前提。

2. 政府庇荫度的测量指标

政府庇荫度是难以直接测量的名义变量，对它的测量必须以政府庇荫的界定为基础，转换为若干个可测的操作变量，以建立政府庇荫度的指标体系。

对某一具体企业或产业来说，政府庇荫一般来说体现在市场准入、生产过程和产品采购等环节。但是，即便是基于这三个环节来考察，政府庇荫依然是一个难以完全测量的变量，它的表现形式也是多种多样的。灰色、隐蔽的庇荫是难以量化的，比如某位高级领导所批的一个条子（它能使一个企业一劳永逸），实证所需的数据非常难得，笔者对此无能为力，但是有些庇荫是可测的，像企业的行政级别、企业的资产构成等，在本研究中只能对这些"显性"的庇荫进行测量。考虑到数据的可得性，选取政策扶持度、企业行政级别、企业老总任命部门、企业背景、企业资产构成作为政府庇荫度的操作变量。

二、数据收集和整理

1. 调查问卷设计

企业政府庇荫度调查问卷如表 4-3 所示，根据被测量变量实际情况，采用 5 级评分。

表4-3 企业政府庇荫度调查问卷

变量	可操作性变量（属性）	问项叙述	项目	赋值	数据收集主要方法
企业政府庇荫度	政策扶持度	"贵公司受哪一级（国家、地方或不受）政府产业政策扶持？受扶持程度如何？"	很受国家产业政策扶持	5	文本分析
			一般性受国家产业政策扶持	4	
			受省一级政府产业政策扶持	3	
			受地市级政府产业政策扶持	2	
			不受中央、地方两级政府产业政策扶持	1	
	企业行政级别	"贵公司有行政级别吗？如果有，是什么级别？"	部级	5	文本分析、电话访问
			厅级	4	
			处级	3	
			科级	2	
			没有行政级别	1	
	企业老总任命部门	"贵公司老总由上级行政部门任命吗？如果是，由哪级部门任命？"	部级	5	电话访问、文本分析
			厅级	4	
			处级	3	
			科级	2	
			没有行政级别	1	
	企业背景	"贵公司是中央企业、地方政府企业、军工企业还是民营企业？若是民营企业，有没有非民营资本参股？"	中央企业	5	电话访问、文本分析
			地方政府企业	4	
			军工（军转民）企业	3	
			非民营企业参股（不控股）的民营企业	2	
			民营企业	1	

（续上表）

变量	可操作性变量（属性）	问项叙述	项目	赋值	数据收集主要方法
企业政府庇荫度	企业资产构成	"贵公司资产是由国有、地方还是民营资本构成？若资产结构复杂，大概由哪几方参股？比例如何？"	资产归属为国家国资委	5	文本分析、电话访问
			资产归属介于国家国资委与地方国资委之间	4	
			资产归属为地方国资委	3	
			民营资本，但有地方国资委参股（不控股）	2	
			民营资本	1	

2. 数据收集及整理

考虑到邮寄法收集数据的回收率严重低下，本研究采用文本分析法、电话访问、实地考察收集数据。收集企业政府庇荫度测量数据的时间段是 2012 年 3 月至 11 月。把收集到的测量政府庇荫度的数据与之前统计、计算出来的企业现期自主品牌产品密度、企业自主品牌缺失度的数据合并为表 4-4。在政策扶持度这一属性上，主要采用文本分析法，比如根据《发展我国自主知识产权汽车工业的政策选择》中的描述——"汽车工业第一次被中国政府明确为支柱产业是 1986 年"。1986 年 4 月公布的《中华人民共和国国民经济和社会发展第七个五年计划（1986—1990 年）》提到：把汽车制造业作为重要的支柱产业。按照高起点、大批量、专业化和联合发展的原则，以骨干企业为龙头，形成长春第一汽车制造厂、湖北第二汽车制造厂、济南重型汽车制造厂以及军工部门等汽车制造基地，同时改建扩建一批技术比较先进的汽车零部件专业化生产企业。1987 年 8 月，国务院北戴河会议明确建设一汽、二汽和上汽 3 个轿车生产点。1988 年，国务院在《关于严格控制轿车生产点的通知》中明确提出轿车生产布局的"三大三小"战略，不再批准任何其他的生产点，唯一的例外是军工系统的奥拓和云雀。1989 年 3 月发布的《产业政策要点》把已经批准的轿车项目列为国家重点支持项目。1990 年国务院颁布的《90 年代国家产业政策》和 1994 年颁布的《汽车工业产业政策》仍然沿着相同思路，严格限制定点企业之外的进入者"[80]。

表4-4　企业政府庇荫度、自主品牌产品密度、自主品牌缺失度的数据

序号	企业名称	企业政府庇荫度（属性）					现期自主品牌产品密度	企业自主品牌产品缺失度
		政策扶持度	企业行政级别	企业老总任命部门	企业背景	企业资产构成		
1	上海汽车工业（集团）公司	5	5	5	5	4	0.050	0.950
2	中国第一汽车集团	5	5	5	5	5	0.172	0.828
3	东风汽车集团	5	5	5	5	4	0.020	-0.020
4	长安汽车（集团）有限责任公司	3	4	4	4	3	0.239	-0.239
5	广州汽车工业集团有限公司	5	4	4	4	3	0	0
6	北京汽车工业控股有限责任公司	5	4	4	4	3	0	0
7	奇瑞汽车股份有限公司	3	3	3	4	3	1	-1
8	南京汽车集团有限公司	3	4	4	4	3	1	-1
9	比亚迪汽车有限公司	2	1	1	2	1	1	-1
10	哈飞汽车股份有限公司	3	3	3	3	3	0.854	-0.854
11	江西昌河汽车股份有限公司	3	3	3	3	3	0.011	-0.011
12	福建省汽车工业集团公司	3	4	4	4	3	0.694	-0.694

（续上表）

序号	企业名称	企业政府庇荫度（属性）					现期自主品牌产品密度	企业自主品牌产品缺失度
		政策扶持度	企业行政级别	企业老总任命部门	企业背景	企业资产构成		
13	湖南江南汽车制造有限公司	3	3	3	3	3	0	0
14	贵航青年莲花汽车有限公司	3	3	3	3	3	0	0
15	浙江吉利控股集团有限公司	1	1	1	1	1	1	-1
16	长城汽车股份有限公司	1	1	1	1	1	1	-1
17	海南汽车有限公司	3	2	2	4	2	1	-1
18	华晨汽车集团控股有限公司	3	1	1	2	2	0.752	-0.752
19	安徽江淮汽车股份有限公司	2	2	2	4	3	1	-1
20	重庆力帆乘用车有限公司	1	1	1	1	1	1	-1

三、综合政府庇荫度

1. 主成分分析

主成分分析（Principal Component Analysis）常被用来寻找判断某种事物或现象的综合指标，并给综合指标所蕴藏的信息以恰当解释，以便更深刻地揭示事物内在的规律。在这里，用主成分分析法对企业政府庇荫度的5个属性（政策扶持度、企业行政级别、企业老总任命部门、企业背景、企业资产构成）进行分析，看能否使指标降维，简化指标的结构，用较少的新变量代替原来较多的旧变量，并决定是否进行因子分析。

标签变量，记政策扶持度为 X_1，企业行政级别为 X_2，企业老总任命部门为 X_3，企业背景为 X_4，企业资产构成为 X_5。把表 4-4 数据运用 SPSS 17.0 软件进行处理，得出表 4-5、4-6、4-7、4-8 的运算结果。

由表 4-5 可知，各变量间存在很强的相关关系，因此有必要进行主成分分析，X_2、X_3 的相关系数为 1，查表 4-4，可以发现，企业行政级别 X_2、企业老总任命部门 X_3 数据完全一样，这说明中国轿车企业的老总由上一级部门任命，从收集到的数据看，不存在越级任命的情况。为此，在政府庇荫度的 5 个属性中，可以剔除企业行政级别 X_2、企业老总任命部门 X_3 二者之一，这里把企业老总任命部门 X_3 剔除。把"企业老总任命部门"列为企业政府庇荫度属性之一的初衷，是要考察中国轿车企业中是否存在跨级委任、委派企业老总的情况，如果存在，则该企业存在政府庇荫。举一个极端的例子，如果一家没有行政级别的民营企业，其老总由国务院直接委任，即使该企业在"企业行政级别"属性中分值最低，但其在"企业老总任命部门"属性中得最高分，那么，即使它是"草根阶层"的民企，它的企业政府庇荫度亦不会很低。

表 4-5　相关矩阵

	X_1	X_2	X_3	X_4	X_5
X_1	1.000	0.857	0.857	0.831	0.825
X_2	0.857	1.000	1.000	0.884	0.908
X_3	0.857	1.000	1.000	0.884	0.908
X_4	0.831	0.884	0.884	1.000	0.890
X_5	0.825	0.908	0.908	0.890	1.000

（注：所有相关系数均通过检验，Sig. 值均小于 0.001，相关具有显著意义）

由表 4-6 可知，变量相关矩阵有一个最大特征根，即 4.540，它解释总方差的 90.800%（累计贡献率），这说明前一个主成分提供了原始数据的足够信息。基于过程内定取特征根大于 1 的规则，主成分分析过程提取了一个主成分。

表4-6　解释总方差

成　分	初始特征值		
	特征根	方差贡献率	累计贡献率
1	4.540	90.800	90.800
2	0.199	3.983	94.783
3	0.158	3.165	97.948
4	0.103	2.052	100.000
5	9.857E-17	1.971E-15	100.000

由表4-7因子负荷矩阵可知，政策扶持度 X_1、企业行政级别 X_2、企业老总任命部门 X_3、企业背景 X_4、企业资产构成 X_5 对第一主成分的负荷均匀（0.916、0.977、0.977、0.942、0.951），5个属性共同解释政府庇荫度，它们在因子2的负荷小于0.5，因此对这5个属性没必要再进行归类。X_2、X_3 数据完全一样，再次说明可剔除其中一个变量。

表4-7　因子负荷矩阵

指　标	成　分				
	1	2	3	4	5
X_3	0.977	-0.091	-0.184	-0.060	-7.020E-9
X_2	0.977	-0.091	-0.184	-0.060	7.020E-9
X_5	0.951	-0.136	0.101	0.257	-9.114E-26
X_4	0.942	-0.062	0.284	-0.168	-8.159E-25
$X_{1.}$	0.916	0.400	-0.005	0.034	-8.606E-25

2. 综合政府庇荫度的构造

根据主成分分析的结果，在表4-4中，剔除政府庇荫度的5个属性中的"企业老总任命部门 X_3"属性，并把余下的4个属性（政策扶持度 X_1、企业行政级别 X_2、企业背景 X_4、企业资产构成 X_5）进行层次分析（Analytic Hiberarchy Process，AHP），以确定它们的权重，并根据权重计算出综合的政府庇荫度 X，为下面的相关、回归分析做准备。用层次分析法对

X_1、X_2、X_4、X_5 赋权重的目的是使不易量化的决策问题 "紧密地和决策者的主观判断及推理联系起来，对决策者的推理过程进行量化的描述，可以避免决策者在结构复杂和方案较多时的逻辑推理上产生失误"[94]。

（1）构造层次分析图。

在第三章关于理论框架构建的论述中可知，政府庇荫体现在市场准入、过程管理、产品采购三个环节，政策扶持、企业行政级别、企业背景、企业资产构成等在这三个环节所起的作用是不同的，为确定它们的权重，构造出如图 4-2 的层次分析图。

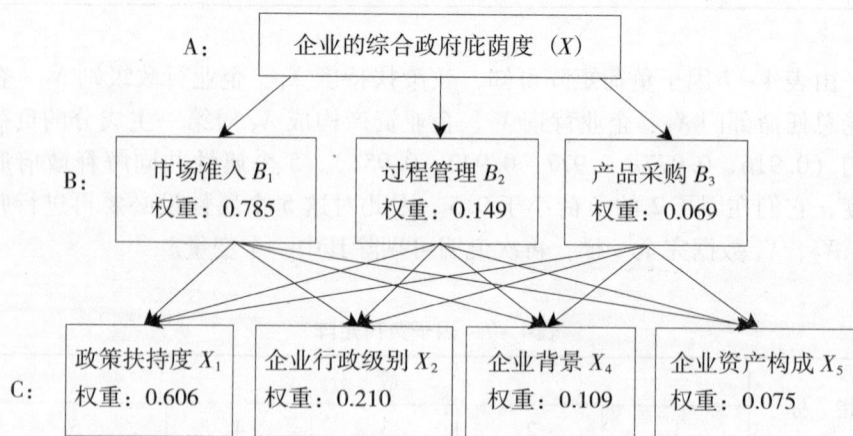

图 4-2　政府庇荫度属性的权重（政府庇荫度层次分析）

（2）构造判断矩阵。

邀请原中国汽车贸易广州公司一位副总经理、两位部门经理，加上课题组成员，构造出表 4-8 中 A-B、B-C 之间的判断矩阵。用天津大学管理学院研制的 AHP 分析软件对判断矩阵进行运算，结果如表 4-8 所示。表中 4 个判断矩阵的 CI 值均小于 0.1，通过一致性检验。

表4-8　判断矩阵与层次分析数据

	$A-B$	B_1-C	B_2-C	B_3-C
判断矩阵	$\begin{bmatrix} 1 & 7 & 9 \\ \frac{1}{7} & 1 & 7 \\ \frac{1}{9} & \frac{1}{7} & 1 \end{bmatrix}$	$\begin{bmatrix} 1 & 5 & 7 & 7 \\ \frac{1}{5} & 1 & 3 & 5 \\ \frac{1}{7} & \frac{1}{3} & 1 & 3 \\ \frac{1}{7} & \frac{1}{5} & \frac{1}{3} & 1 \end{bmatrix}$	$\begin{bmatrix} 1 & 3 & 5 & 5 \\ \frac{1}{3} & 1 & 3 & 5 \\ \frac{1}{5} & \frac{1}{3} & 1 & 1 \\ \frac{1}{5} & 1 & 1 & 1 \end{bmatrix}$	$\begin{bmatrix} 1 & 2 & 1 & 1 \\ \frac{1}{2} & 1 & 1 & 1 \\ 1 & 1 & 1 & 1 \\ 1 & 1 & 1 & 1 \end{bmatrix}$
一致性检验	CI=0.040 RI=0.580 CR=0.069	CI=0.080 RI=0.900 CR=0.089	CI=0.038 RI=0.900 CR=0.042	CI=0.020 RI=0.900 CR=0.022
最大特征值	3.080	4.240	4.115	4.060
权重向量	(0.785, 0.149, 0.069)	(0.638, 0.212, 0.099, 0.050)	(0.575, 0.195, 0.099, 0.131)	(0.295, 0.209, 0.248, 0.248)

（注：CR≤0.1时，认为判断矩阵具有一致性，否则就要重新进行两两比较，调整判断矩阵）

（3）综合的政府庇荫度。

根据AHP分析软件计算结果，某个企业综合政府庇荫度的权重构成如图4-2所示，亦即某个企业的政府庇荫度 $X_i = 0.606X_{1i} + 0.210X_{2i} + 0.109X_{4i} + 0.075X_{5i}$，根据算式可计算出各个样本企业的综合政府庇荫度。因此，把表4-4调整为表4-9。

表4-9　综合的政府庇荫度

样本	企业的政府庇荫度					企业现期自主品牌产品密度 Y_1	企业自主品牌产品缺失度 Y_2	是否合资
	4个属性				4个属性加权			
	政策扶持度 X_1	企业行政级别 X_2	企业背景 X_4	企业资产构成 X_5	综合政府庇荫度 X			
1	5	5	5	4	4.93	0.050	0.950	是
2	5	5	5	5	5.00	0.172	0.828	是

（续上表）

样本	企业的政府庇荫度					企业现期自主品牌产品密度 Y_1	企业自主品牌产品缺失度 Y_2	是否合资
	4 个属性				4 个属性加权			
	政策扶持度 X_1	企业行政级别 X_2	企业背景 X_4	企业资产构成 X_5	综合政府庇荫度 X			
3	5	5	5	4	4.93	0.020	−0.020	是
4	3	4	4	3	3.32	0.239	−0.239	是
5	5	4	4	3	4.53	0	0	是
6	5	4	4	3	4.53	0	0	是
7	3	3	4	3	3.11	1	−1	否
8	3	4	4	3	3.32	1	−1	是
9	2	1	2	1	1.71	1	−1	否
10	3	3	3	3	3.00	0.854	−0.854	是
11	3	3	3	3	3.00	0.011	−0.011	是
12	3	4	4	3	3.32	0.694	−0.694	是
13	3	3	3	3	3.00	0	0	是
14	3	3	3	3	3.00	0	0	是
15	1	1	1	1	1.00	1	−1	否
16	1	1	1	1	1.00	1	−1	否
17	3	2	4	2	2.82	1	−1	否
18	3	1	2	2	2.40	0.752	−0.752	是
19	2	2	4	3	2.29	1	−1	否
20	1	1	1	1	1.00	1	−1	否

第四节 相关分析与回归分析

相关分析主要是刻画两类变量间线性相关的密切程度，而回归分析则是揭示一个变量如何与其他变量相联系，并可由回归方程进行预测和控制。利用 SPSS 17.0 将表 4 - 9 的数据进行处理，计算整理出 Y_1、Y_2 与 X_1、X_2、X_4、X_5、X 之间的相关系数和回归方程，结果列表如下。

表 4 - 10　各研究变量的相关分析与回归分析汇总　($N = 20$)

因变量	自变量	相关系数	Sig.	回归方程	判定系数 (R^2)
Y_1	政策扶持度 (X_1)	-0.714	0.000	$Y_1 = 1.328 - 0.254X_1$	0.541
Y_1	企业行政级别 (X_2)	-0.672	0.001	$Y_1 = 1.187 - 0.219X_2$	0.464
Y_1	企业背景 (X_4)	-0.457	0.043	$Y_1 = 1.111 - 0.173X_4$	0.239
Y_1	企业资产构成 (X_5)	-0.658	0.002	$Y_1 = 1.282 - 0.275X_5$	0.415
Y_1	综合政府庇荫度 (X)	-0.704	0.001	$Y_1 = 1.291 - 0.259X$	0.496
Y_2	政策扶持度 (X_1)	0.771	0.000	$Y_2 = -1.576 + 0.367X_1$	0.601
Y_2	企业行政级别 (X_2)	0.740	0.000	$Y_2 = -1.397 + 0.325X_2$	0.543
Y_2	企业背景 (X_4)	0.559	0.010	$Y_2 = -1.359 + 0.279X_4$	0.331
Y_2	企业资产构成 (X_5)	0.769	0.000	$Y_2 = -1.619 + 0.437X_5$	0.561
Y_2	综合政府庇荫度 (X)	0.775	0.000	$Y_2 = -1.568 + 0.382X$	0.600

（注：所有回归系数均通过 t 检验和双尾检验，Sig. 值均小于 0.001，回归系数具有显著意义）

变量 X 与 Y_1 的皮尔逊相关系数为 -0.704，双尾检验概率 P 值 $= 0.001 < 0.05$，故变量 X 与 Y_1 之间显著相关。也就是说，企业政府庇荫度 X 与企业现期自主品牌产品密度 Y_1 存在显著线性负相关关系。

变量 X 与 Y_2 的皮尔逊相关系数为 0.775，双尾检验概率 P 值 $= 0.000 < 0.05$，故变量 X 与 Y_2 之间高度相关。亦即企业政府庇荫度 X 与企业自主品牌产品缺失度 Y_2 存在显著线性正相关关系。

第五节　实证结论与假设检验

一、基本结论

通过上两小节运用描述统计、主成分分析、AHP 分析、相关分析和回归分析等统计分析方法对数据进行处理，可得到的结论有：

（1）政策扶持度 X_1、企业行政级别 X_2、企业背景 X_4、企业资产构成 X_5 等 4 个属性共同解释政府庇荫度。它们对第一主成分的负荷均匀（0.916、0.977、0.942、0.951），解释总方差的 90.800%。

（2）用层次分析法对政策扶持度 X_1、企业行政级别 X_2、企业背景 X_4、企业资产构成 X_5 赋权重，X_1、X_2、X_4、X_5 在综合的政府庇荫度 X 的权重分别为 0.606、0.210、0.109、0.075。

（3）企业政府庇荫度 X 与企业现期自主品牌产品密度 Y_1 存在显著线性负相关关系，X 与 Y_1 的皮尔逊相关系数为 -0.704；企业政府庇荫度 X 与企业自主品牌产品缺失度 Y_2 存在显著线性正相关关系，X 与 Y_2 的皮尔逊相关系数为 0.775。

（4）企业政府庇荫度 X 与企业现期自主品牌产品密度 Y_1 的直线回归方程为：$Y_1 = 1.291 - 0.259X$。企业政府庇荫度 X 与企业自主品牌产品缺失度 Y_2 的直线回归方程为：$Y_2 = -1.568 + 0.382X$。

二、对假设的检验

在本章第一节构建实证模型时提到，为了证明政府庇荫和自主品牌缺失呈正相关关系，可从企业和产业两个方面来证明，即有庇荫企业的自主品牌少、没庇荫企业的自主品牌多（H_1），有庇荫产业的自主品牌少、没庇荫产业的自主品牌多（H_2）。本章是对企业政府庇荫和自主品牌缺失进行实证，检验的是 H_1，对 H_2 的检验在下一章进行。

1. 对 H_1 第一层假设的检验

对 H_1 第一层假设的检验即对企业政府庇荫度 X 与企业自主品牌产品缺失度 Y_2 关系的检验。实际上，在前面已对 H_1 进行了验证，在表 4 - 10 中可以看到，X 与 Y_2 显著相关，相关系数为 0.775，直线回归方程为：$Y_2 = -1.568 + 0.382X$。X 与企业现期自主品牌产品密度 Y_1 显著相关，相

关系数为 -0.704，直线回归方程为：$Y_1 = 1.291 - 0.259X$。

利用直线回归方程，结合 SPSS 17.0 的运算结果，对高（$X=5$）、中（$X=3$）、低（$X=1$）企业政府庇荫度 X 对应的企业自主品牌产品缺失度 Y_2、企业现期自主品牌产品密度 Y_1 进行点估计和区间估计，如表 4–11 所示。

表 4–11　对 Y_1、Y_2 的点估计和区间估计

企业政府庇荫度 X		$X=5$	$X=3$	$X=1$
企业现期自主品牌产品密度 Y_1 （$Y_1 = 1.291 - 0.259X$）	Y_1 点估计	$-0.006\,17$	$0.512\,59$	$1.031\,35$
	所有企业的 Y_1 的 95% 置信区间	$-0.304\,63$ 至 $0.292\,30$	$0.351\,29$ 至 $0.673\,90$	$0.719\,58$ 至 $1.343\,13$
	某一企业的 Y_1 的 95% 置信区间	$-0.786\,07$ 至 $0.773\,74$	$-0.225\,78$ 至 $1.250\,96$	$0.246\,26$ 至 $1.816\,45$
企业自主品牌产品缺失度 Y_2 （$Y_2 = -1.568 + 0.382X$）	Y_2 点估计	$0.344\,95$	$-0.420\,04$	$-1.185\,03$
	所有企业的 Y_2 的 95% 置信区间	$-0.011\,27$ 至 $0.701\,18$	$-0.612\,56$ 至 $-0.227\,52$	$-1.557\,14$ 至 $-0.812\,93$
	某一企业的 Y_2 的 95% 置信区间	$-0.585\,87$ 至 $1.275\,78$	$-1.301\,29$ 至 $0.461\,21$	$-2.122\,05$ 至 $-0.248\,01$

由表 4–11 可见，一个低政府庇荫度（$X=1$）的轿车生产企业，在创造中国轿车的自主品牌（Y_2 为负值，即企业自主品牌产品缺失度为负，说明企业在创造自主品牌，其企业现期自主品牌产品密度 Y_1 点估计值为1.031 35），而一个受政府强烈庇荫的企业（$X=5$），反而在丧失其自主品牌（企业自主品牌产品缺失度 Y_2 点估计值高达 0.344 95，其企业现期自主品牌产品密度 Y_1 几乎为 0，负值在现实中是不存在的）。或者可以这样说，对所有轿车生产企业来说，有 95% 的把握确定，低企业政府庇荫度的企业在创造自主品牌（其企业自主品牌产品缺失度 Y_2 为 $-1.557\,14$ 至$-0.812\,93$），高企业政府庇荫度的企业在丧失自主品牌（其企业自主品牌产品缺失度 Y_2 为 $-0.011\,27$ 至 $0.701\,18$）。

2. 对 H_1 第二层假设的检验

H_1 的第二层假设有三个。H_{1-1}：越受产业政策扶持的企业越容易失去原有自主品牌。H_{1-2}：企业行政级别越高越没有自主品牌。H_{1-3}：企业国

有成分越高越没有自主品牌。

实际上，H_{1-1} 是要检验政策扶持度 X_1 与企业现期自主品牌产品密度 Y_1、企业自主品牌产品缺失度 Y_2 的相关关系，H_{1-2} 是要检验企业行政级别 X_2 与 Y_1、Y_2 的相关关系，H_{1-3} 是要检验企业资产构成 X_5 与 Y_1、Y_2 的相关关系。利用直线回归方程，结合 SPSS 17.0 的运算结果，对高、中、低的政策扶持度 X_1、企业行政级别 X_2、企业资产构成 X_5 对应的企业自主品牌产品缺失度 Y_2、企业现期自主品牌产品密度 Y_1 进行点估计和区间估计，如表 4 - 12、表 4 - 13、表 4 - 14 所示。根据计算结果，对 H_{1-1}、H_{1-2}、H_{1-3} 进行检验。

（1）对 H_{1-1}（越受产业政策扶持的企业越容易失去原有自主品牌）的检验。

由表 4 - 10 可见，X_1 与 Y_1 的相关系数为 - 0.714，与 Y_2 相关系数为 0.771，即政策扶持度 X_1 与企业现期自主品牌产品密度 Y_1 显著负相关，与企业自主品牌产品缺失度 Y_2 高度相关，政策扶持度与企业自主品牌产品缺失度的相关度比其与企业现期自主品牌产品密度的相关度还强。由表 4 - 12 可见，当 $X_1 = 5$ 时，Y_1 点估计值为 0.018 54，也就是说，当政策扶持度 X_1 为最大时，企业现期自主品牌产品密度 Y_1 几乎为 0，企业自主品牌产品缺失度 Y_2 点估计值为 0.295 07，在这种状态下，中国轿车生产企业不但不生产自主品牌产品，反而在丧失原来的自主品牌；当 $X_1 = 1$，企业现期自主品牌产品密度 Y_1 点估计值为 1.025 62，企业自主品牌产品缺失度 Y_2 点估计值为 - 1.161 71，也就是说，当 X_1 为最小时，即不受产业政策扶持的轿车生产企业在创造自主品牌，原有自主品牌不流失。所以说，越受产业政策扶持的企业越容易失去原有自主品牌，H_{1-1} 得到验证。

表 4 - 12　X_1 与 Y_1、Y_2 的点估计和区间估计

政策扶持度 X_1		$X_1 = 5$	$X_1 = 3$	$X_1 = 1$
企业现期自主品牌产品密度 Y_1 $(Y_1 = 1.277 - 0.252X_1)$	Y_1 点估计	0.018 54	0.522 08	1.025 62
	所有企业的 Y_1 的 95% 置信区间	- 0.262 64 至 0.299 72	0.362 83 至 0.681 32	0.723 96 至 1.327 27
	某一企业的 Y_1 的 95% 置信区间	- 0.745 18 至 0.782 26	- 0.205 63 至 1.249 79	0.254 12 至 1.797 11

（续上表）

政策扶持度 X_1		$X_1 = 5$	$X_1 = 3$	$X_1 = 1$
企业自主品牌产品缺失度 Y_2 $(Y_2 = -1.526 + 0.364 X_1)$	Y_2 点估计	0.295 07	-0.433 32	-1.161 71
	所有企业的 Y_2 的 95% 置信区间	-0.047 89 至 0.638 04	-0.627 56 至 -0.239 08	-1.529 65 至 -0.793 77
	某一企业的 Y_2 的 95% 置信区间	-0.636 47 至 1.226 61	-1.320 941 至 0.454 30	-2.102 73 至 -0.220 69

（2）对 H_{1-2}（企业行政级别越高越没有自主品牌）的检验。

由表 4-10 可见，X_2 与 Y_1 的相关系数为 -0.672，与 Y_2 相关系数为 0.740，即企业行政级别 X_2 与企业现期自主品牌产品密度 Y_1 显著负相关，与企业自主品牌产品缺失度 Y_2 高度相关。由表 4-13 可见，当 $X_2 = 5$ 时，Y_1 点估计值为 0.044 79，也就是说，当企业行政级别 X_2 为最高时，企业现期自主品牌产品密度 Y_1 几乎为 0，企业自主品牌产品缺失度 Y_2 点估计值为 0.271 00，此时，该轿车生产企业自主品牌产品的份额在萎缩或为 0，原有自主品牌在丧失；当 $X_2 = 1$，企业现期自主品牌产品密度 Y_1 点估计值为 0.926 96，企业自主品牌产品缺失度 Y_2 点估计值为 -1.032 22，也就是说，当 X_2 为最小时，即企业行政级别低的轿车生产企业在创造自主品牌，原有自主品牌基本不流失。所以说，企业行政级别越高越没有自主品牌，H_{1-2} 得到验证。

表 4-13　X_2 与 Y_1、Y_2 的点估计和区间估计

企业行政级别 X_2		$X_2 = 5$	$X_2 = 3$	$X_2 = 1$
企业现期自主品牌产品密度 Y_1 $(Y_1 = 1.147 - 0.221 X_2)$	Y_1 点估计	0.044 79	0.485 87	0.926 96
	所有企业的 Y_1 的 95% 置信区间	-0.253 90 至 0.343 48	0.317 68 至 0.654 06	0.638 15 至 1.215 77
	某一企业的 Y_1 的 95% 置信区间	-0.764 06 至 0.853 64	-0.284 39 至 1.256 14	0.121 70 至 1.732 21

（续上表）

企业行政级别 X_2		$X_2 = 5$	$X_2 = 3$	$X_2 = 1$
企业自主品牌产品缺失度 Y_2 （$Y_2 = -1.358 + 0.326X_2$）	Y_2 点估计	0.271 00	-0.380 61	-1.032 22
	所有企业的 Y_2 的 95% 置信区间	-0.092 24 至 0.634 24	-0.585 15 至 -0.176 07	-1.383 45 至 -0.680 99
	某一企业的 Y_2 的 95% 置信区间	-0.712 66 至 1.254 66	-1.317 35 至 0.556 13	-2.011 51 至 -0.052 93

（3）对 H_{1-3}（企业国有成分越高越没有自主品牌）的检验。

由表 4-10 可见，X_5 与 Y_1 的相关系数为 -0.658，与 Y_2 相关系数为 0.769，即企业资产构成 X_5 与企业现期自主品牌产品密度 Y_1 显著负相关，与企业自主品牌产品缺失度 Y_2 高度相关，企业资产构成 X_5 与企业自主品牌产品缺失度 Y_2 的相关度比其与企业现期自主品牌产品密度 Y_1 的相关度还强。由表 4-14 可见，当 $X_5 = 5$ 时，Y_1 点估计值为 -0.161 67（负值在现实中是不存在的），也就是说，当企业资产构成 X_5 为最高时，企业现期自主品牌产品密度 Y_1 几乎为 0，企业自主品牌产品缺失度 Y_2 点估计值为 0.634 64，此时，该轿车生产企业自主品牌产品的比例在下降或为 0，原有自主品牌在丧失；当 $X_5 = 1$ 时，企业现期自主品牌产品密度 Y_1 点估计值为 0.983 67，企业自主品牌产品缺失度 Y_2 点估计值为 -1.159 34，也就是说，当 X_5 为最小时，即企业国有成分低的轿车生产企业在创造自主品牌，原有自主品牌不流失。所以说，企业国有成分越高越没有自主品牌，H_{1-3} 得到验证。

表 4-14　X_5 与 Y_1、Y_2 的点估计和区间估计

企业资产构成 X_5		$X_5 = 5$	$X_5 = 3$	$X_5 = 1$
企业现期自主品牌产品密度 Y_1 （$Y_1 = 1.270 - 0.286X_5$）	Y_1 点估计	-0.161 67	0.411 00	0.983 67
	所有企业的 Y_1 的 95% 置信区间	-0.571 72 至 0.248 39	0.233 44 至 0.588 56	0.659 49 至 1.307 85
	某一企业的 Y_1 的 95% 置信区间	-1.028 50 至 0.705 17	-0.373 08 至 1.195 08	0.154 00 至 1.813 34

（续上表）

企业资产构成 X_5		$X_5 = 5$	$X_5 = 3$	$X_5 = 1$
企业自主品牌产品缺失度 Y_2 ($Y_2 = -1.608 + 0.448 X_5$)	Y_2 点估计	0.634 64	-0.262 35	-1.159 34
	所有企业的 Y_2 的 95% 置信区间	0.168 26 至 1.101 02	-0.464 30 至 -0.060 40	-1.528 04 至 -0.790 64
	某一企业的 Y_2 的 95% 置信区间	-0.351 25 至 1.620 53	-1.154 12 至 0.629 42	-2.102 96 至 -0.215 72

第五章

产业政府庇荫与自主品牌缺失的实证研究

上一章对轿车产业中企业政府庇荫与自主品牌缺失之间的相关关系进行了实证研究，研究的对象是轿车产业中的不同企业，本章将对不同产业间的政府庇荫与自主品牌产品密度的相关关系进行实证研究，也就是要对图 4-1 中的 H_2（产业政府庇荫度和自主品牌产品密度负相关）进行验证。

从研究的严密性来说，产业的样本数当然是越多越好，但囿于资源、能力和数据来源，在本章中仅将轿车产业与家电产业进行比较。之所以将轿车产业与家电产业进行比较，是因为两个方面。第一，两个产业曾经有相同的起点和问题：两个产业在国家"七五"计划以后都被选定为国家支柱产业，都受国家宏观产业政策的扶持；改革开放以前都存在"大而全，小而全"的现象；20 世纪 70 年代末，都出现严重供不应求的情况，具有非常强大的投资吸引力。第二，由于产业政策、政府庇荫的差异，两个产业的发展道路迥然不同，产业的自主品牌产品密度、自主品牌产品缺失度也不尽相同。因此，两者具有良好的可比性，比较结论可信度亦较高。

通过对轿车产业和家电产业的政府庇荫度进行测量，可形成量化的政府庇荫度，对这两个产业的自主品牌产品密度进行测量，可形成量化的自主品牌产品密度，在产业政府庇荫度和产业自主品牌产品密度之间建立数量关系，可对 H_2 进行实证。

第一节　产业政府庇荫度的测量

产业的政府庇荫度通过产业政策、投资规模、产品目录、受扶持企业 4 个可操作性变量来测度，通过文本分析法和专家评分法对轿车产业和家电产业的产业政府庇荫度进行比较分析并予以赋值。调查问卷如表 5-1 所示。

表 5 - 1　产业的政府庇荫度调查问卷

变量	可操作性变量（属性）	问项叙述	赋值	数据收集方法
产业政府庇荫度	1.　产业政策	"进入该产业受产业政策限制吗？程度如何？"	严重：3一般：2低：1	文本分析法、专家评分法
	2.　投资规模	"进入该产业受投资规模限制吗？程度如何？"		
	3.　产品目录	"进入该产业受产品目录限制吗？程度如何？"		
	4.　受扶持企业	"该产业中存在受扶持企业吗？程度如何？"		

对轿车产业的各项可操作性变量进行评估：①产业政策。中央政府在扶持大型国有汽车生产企业的同时，对地方特别是民营企业一直都采取严格的进入限制政策。②投资规模。轿车产业准入投资额对民营企业来说相对偏高，"即使是第一次强调自主产品开发，政策制定人也显然把希望寄托在三大集团身上"[80]，比如，在 2004 年 5 月实施的《汽车产业发展政策》中，其第四十七条第五款规定：新建汽车生产企业的投资项目，项目投资总额不得低于 20 亿元人民币，其中自有资金不得低于 8 亿元人民币，要建立产品研究开发机构，且投资不得低于 5 亿元人民币；新建车用发动机生产企业的投资项目，项目投资总额不得低于 15 亿元人民币，其中自有资金不得低于 5 亿元人民币。③产品目录。从表面上看，产品目录限制了轿车产业的无序经营，但是它保护在位企业、国有企业，而把民营、地方企业排挤在产业之外。④受扶持企业。政府不仅主观选择受扶持企业，而且一直给其无微不至的关爱，像 1987 年 8 月国务院的北戴河会议明确表态护持建设一汽、二汽和上汽 3 个轿车生产点，1988 年国务院颁布《关于严格控制轿车生产点的通知》，都是这种庇荫的具体表现。

对家电产业来说，20 世纪 80 年代初期严格的进入限制政策被地方政府和企业打乱了以后，中央政府没有再强制执行，而是适时改变了政策的方向，采取自由化政策，更不必说保护扶持个别企业了。因此，在 4 个属性上，轿车产业都赋值 3，家电产业都赋值 1。

第二节 产业自主品牌产品密度的测量

一、数据收集

由于轿车产业和家电产业的企业数以万计，本研究把 2012 年中国 500 强企业[95]之前 200 位中的汽车企业和家电企业作为样本。之所以采用中国企业 200 强而非 500 强中的汽车企业和家电企业作为样本，主要是考虑到可比性，由于汽车的价值大，汽车企业比家电企业更容易进入 200 强，如果放大到 500 强，则家电企业所占比例更大，从现实推测，其产业自主品牌产品密度更高。

在 2012 年中国 500 强企业之前 200 位企业中，汽车企业共有 9 家，由于统计口径不同，这 9 家企业中，东风汽车集团股份有限公司、东风汽车股份有限公司隶属东风汽车集团，因此实际被分析企业为 8 家；家电企业共有 6 家。8 家汽车企业的自主品牌产品密度在表 5 - 2 中可查到，6 家家电企业皆为中国企业，它们的产品都是自主品牌，因此它们的自主品牌产品密度皆为 1，见表 5 - 2。

表 5 - 2 轿车、家电产业样本企业的自主品牌产品密度数据

轿车产业		家电产业	
企业名称	自主品牌产品密度	企业名称	自主品牌产品密度
上海汽车集团股份有限公司	0.050	广东美的电器股份有限公司	1
东风汽车集团	0.020	珠海格力电器股份有限公司	1
比亚迪股份有限公司	1	青岛海尔股份有限公司	1
一汽轿车股份有限公司	0.172	TCL 集团股份有限公司	1
安徽江淮汽车股份有限公司	1	海尔电器集团有限公司	1
长城汽车股份有限公司	1	青岛海信电器股份有限公司	1
重庆长安汽车股份有限公司	0.239		
吉利汽车控股有限公司	1		

二、产业自主品牌产品密度

定义产业的自主品牌产品密度 $Y_h = (Y_1 + Y_2 + \cdots + Y_i + \cdots + Y_n) / n$，$Y_i$ 为某产业内第 i 个企业的自主品牌产品密度，n 为样本数。严格来说，以产业内样本企业产值的加权平均来计算 Y_h 准确度最高，但这里用样本企业自主品牌产品密度的算术平均来计算产业的自主品牌产品密度并不影响问题的讨论和结论。经计算，轿车产业的自主品牌产品密度为 0.560，家电产业的自主品牌产品密度为 1，结合产业政府庇荫度的数据，列表如下。

表 5 - 3　轿车、家电产业的政府庇荫度与自主品牌产品密度数据

	产业政府庇荫度	产业自主品牌产品密度
轿车产业	3	0.560
家电产业	1	1

第三节　实证结论与假设检验

一、基本结论

通过对轿车、家电产业的政府庇荫度与产业自主品牌产品密度的测量和计算，从 SPSS 17.0 分析的散点图发现它们有负相关的可能，但由于产业样本数只有两个，不能判断它们是否存在线性相关关系。

尽管如此，可把散点图看作产业分布图，看作轿车产业和家电产业在以产业政府庇荫度、产业自主品牌产品密度为维度的坐标系的分布，如图 5 - 1。轿车产业位于高产业政府庇荫度、低产业自主品牌产品密度的位置，家电产业位于低产业政府庇荫度、高产业自主品牌产品密度的位置。

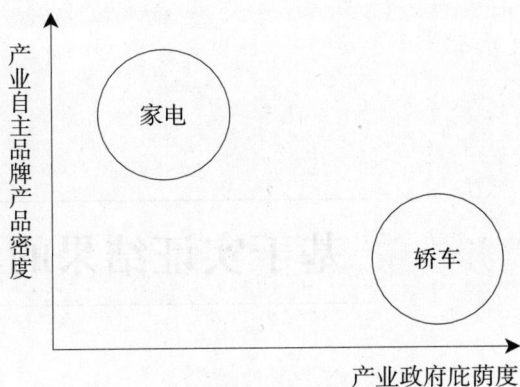

图 5 - 1　轿车产业、家电产业分布

二、对假设的检验

1. 对 H_2 第一层假设的检验

对 H_2 第一层假设的检验即对产业政府庇荫度和自主品牌产品密度关系的检验。从表 5 - 3、图 5 - 1 不能判断它们是否存在线性相关关系，因此，H_2 第一层假设没有得到检验。

2. 对 H_2 第二层假设的检验

H_2 的第二层假设有两个：H_{2-1}，轿车产业自主品牌产品密度低；H_{2-2}，家电产业自主品牌产品密度高。表 5 - 3 的数据已对这两个假设进行了验证。

第六章

基于实证结果的机理分析

通过第二章的文献综述，得出汽车产业中政府庇荫是政府在转轨经济中发挥其经济职能的一种副作用；在第三章中，定性分析了政府庇荫是影响企业制定战略的主要因素，认为合资已成为受庇荫企业的一种垄断资源，政府庇荫在一定程度上造成汽车产业自主品牌缺失，并据此构建了本书的逻辑模型；在第四、第五章中，构造了实证模型，定义了企业（产业）政府庇荫度、企业（产业）自主品牌产品密度、企业（产业）自主品牌产品缺失度等几个重要概念，对政府庇荫与自主品牌缺失相关关系进行了实证研究。实证研究的重点放在轿车产业内企业政府庇荫度与企业自主品牌产品缺失度的相关关系上，产业间的政府庇荫度与产业自主品牌产品密度关系的实证研究由于样本过少，只能作为一种证明的辅助手段。本章将对实证结果进行机理分析，主要分析工具来源于第二章综述和整理的有关理论和文献。

第一节　轿车产业中政府庇荫的来源

在第三章中，对政府庇荫的来源和中国汽车产业生产环节的现行管理体制所滋生的政府庇荫作了简单的介绍，在这一节中，将对汽车特别是轿车产业的政府庇荫及其来源进行详细的分析。

一、政府庇荫的由来

1. 计划经济体制下的中国汽车产业

（1）计划经济体制在中国的起源。

何帆认为，计划经济体制在中国的起源，在很大程度上是国家意志的体现，其主要原因有三[96]：

第一，共产党长期征战中形成的战时命令体制对新中国的计划体制产生深远的影响，尤其是 1940 年之后形成的以陕甘宁边区为代表的抗日根据地体制（其特点是统收统支、地方分权），对中国计划体制的起源更有着直接的影响。1949 年新中国成立后，由于四边战火犹未平息，政权尚未稳定，所以这种战时体制自然仍有其用武之地，同时，新政权赖以巩固和发展的庞大的中层干部大多行伍出身，他们最熟悉的是以命令和服从命令为特征的管理方式，基于这样一种丰富的组织资源，合理的利用途径也就是"命令式"的计划体制。

　　第二，新中国确立以赶超西方发达国家为目标的"重工业优先发展战略"，"超英超美"是当时最强烈的经济政治目标，一个落后的农业国家通过国家力量强制实行工业化，其结果必然导致计划经济体制。因为：在一个发展水平甚低、资本极度缺乏的国家优先发展重工业，必须要降低重工业资本形成的门槛，而要降低重工业资本形成的门槛，只能人为地压低资本、外汇、能源、原材料、劳动力和生产必需品的价格；需要借助计划与行政命令配置资源，以保证稀缺资源流向不具比较优势的重工业部门；为贯彻资源的计划配置机制，在微观上必须建立以完成计划任务为目标的国有企业和人民公社。

　　第三，在社会主义制度下，国家和公民之间就存在着一种隐性的"社会契约"：社会主义国家的政权合法性（legitimacy）既然来自"劳动人民当家做主"，那么国家便要担负起为人民提供"劳动和工作的权利"的义务。为了实现工人全部就业的目标，社会主义国家只能借助计划体制，在计划体制下依靠行政命令实现充分就业。

　　（2）计划经济体制下中国汽车产业的发展。

　　发展中国家政府和人民因有强烈赶超愿望，都偏好于运用政府对经济的强大的组织和动员力量，并选择了优先发展重工业的"赶超"战略，强烈希望凭借政府的力量，走一条快捷的工业化道路。苏联于1926年加速推行优先发展重工业的"赶超"战略（短时间内消灭非国有经济成分，全国动员和资金密集倾斜，形成了一套计划经济的模式），取得了很大成功，其经验备受发展中国家的关注，成为社会主义国家的学习榜样。

　　1953年毛泽东强调党在过渡时期的总路线以"赶超"战略为特征，政策的重点放在建设重工业上，并就此结束了1949年新中国成立后实行的新民主主义政策，优先发展重工业的"赶超"战略开始在全国推行。

　　中国汽车产业便是在这种"赶超"战略下建立和发展的。1953—1958年是中国汽车产业的创建阶段，其标志是长春第一汽车厂建成。长春第一汽车厂在苏联全面援助下建成，产品由苏联引进，工艺流程由苏联设计，主要设备由苏联提供。

　　1958—1984年是中国汽车产业的独立自主发展阶段，其标志是没有任何外援和合资。这期间有两次发展高潮。1958年"大跃进"的浪潮中，中国人敢作敢为，北京汽车厂研制了中国人的第一辆轿车，为"井冈山"牌，开进了中南海，这期间全国实行企业下放，汽车制造厂由1956年的第一汽车制造厂①一家，发展到 1960 年的 16 家，而汽车改装厂由原来的 16 家发展为 28 家，各地地方汽车制造企业从自身利益出发，自成体系，布点分散，形成中国汽车产业"小而全"格局雏形，这是第一次高潮；20 世纪 70 年代初期，全国汽车供不应求，国家两次把企业下放到地方，到 1976 年，全国的汽车生产厂家增加到 53 个，专用改装厂增加到 166 个，形成了中国汽车产业发展的第二次高潮。值得一提的是，在这样一个没有任何技术引进或外援封闭状态下，一汽于 1958 年设计出东风牌 71 型轿车，同年又研制出红旗 CA72 轿车。

2. 政府庇荫是计划经济的必然产物

（1）政府一直是汽车产业的投资主体。

改革开放前，汽车产业的投资都由中央和地方政府投入，整车厂几乎百分之百是国家资本投入（至 1999 年，中国大型汽车企业中，国有及国有控股企业的比重为 90% 左右），而且长期以来，仅有国营一种体制，改革开放后，能够进行合资的，也都是这些大型国有汽车制造厂。由于国家财力有限，加之对汽车产业实行高度管制，中国汽车产业投资在 20 世纪 90 年代以前一直处于投入不足状态，这从表 6 - 1 中可以看出。

表 6 - 1　中国汽车产业投资状况表[54]

时期	时间（年）	投资额（亿元）
"一五"计划	1953—1957	6.6
"二五"计划	1958—1962（1965）	3.9
"三五"计划	1966—1970	8.4
"四五"计划	1971—1975	19.4
"五五"计划	1976—1980	18.3
"六五"计划	1981—1985	44.4
"七五"计划	1986—1990	173.0
"八五"计划	1991—1995	756.0
"九五"计划	1996—2000	967.7

---

① 二汽是 1964 年国家布局的第二个汽车生产基地。1953 年毛泽东提出要建设第二汽车制造厂，但其时国家财力困难，动议未能实施，至 1969 年才动工，1978 年正式投产。二汽建设过程时值"文化大革命"，受当时进山、进洞、备战的指导思想影响，二汽的布局存在明显的缺陷，厂址选在湖北郧县（湖北省西北的崇山峻岭中），该地区交通不方便、无工业基础，而且各专业厂布局过于分散。

（2）汽车产业一直处于政府的主观管制之下。

把新中国成立至今汽车产业管理体制的演变简单地浓缩成表6－2，从表中可以看出汽车产业主管职能部门的变更以及其主管职能的演变。值得一提的是，汽车产业主管职能部门的变更都是在国务院主导、批准下进行的，不管近60年来主管职能部门如何演变，从表6－2"主要产业政策"一栏中可以看到，政府对汽车产业一直持控制、保护的态度，这一点对本书来说是有重要意义的，正是出于这种"父爱母爱主义"，本书所定义的"政府庇荫"才得以产生，也正是在转轨经济过程中，政府庇荫现象愈演愈烈，严重影响了汽车产业的健康发展，造成中国汽车自主品牌缺失。

表6－2   中国汽车产业政策与政府庇荫演变

时期	主要职能部门	主要产业政策	产业动态	政府庇荫
1953—1977年	中国汽车工业公司（全国13个"工业托拉斯"之一）；第一机械工业部汽车总局	扶持一汽等国有企业；治理散、乱、小企业，防止地方封闭发展	1956年一汽生产出第一辆国产汽车；在"大办"名义下，建立一大批中小汽车厂；1965年二汽开始大规模施工建设	萌芽期：地方汽车企业的兴起，标志着政府庇荫的萌芽；政府干预的目的是扶持国家幼稚产业
1978—1994年	中国汽车工业公司、联营公司、基层企业三级管理体制；中国汽车工业联合会、中国汽车工业总公司，归口机电部管理	"计划经济为主，市场调节为辅"，用经济办法管理企业；目标是企业的"联合、高起点、专业化、大批量"；扶持八大汽车骨干企业	北汽与美国汽车公司合资；上汽与德国大众合资；广汽及中信公司与法国标致合资；一汽与德国大众合资；二汽与法国雪铁龙公司合资；民营企业崭露头角	成长期：转轨经济促进并放大了政府庇荫；政策扶持虽仍以扶持幼稚产业为目的，但是合资资格向国企倾斜，事实上体现了政府庇荫选择性

（续上表）

时期	主要职能部门	主要产业政策	产业动态	政府庇荫
1995年至今	机械工业部成立汽车工业司；国家机械工业局；国家经贸委，国家发改委	扶持八大汽车骨干企业；2004年后强调整合，提高集中度，主导并鼓励并购	大型国企与通用、本田、丰田等汽车公司的合资公司相继成立；以民营企业为主体实现汽车出口	成熟期：利益相关者把政策扶持当作一种利益来源，并且利益相对固化；政府庇荫令国企与民营企业生存环境不同，政策扶持从扶持幼稚产业蜕变成扶持国有企业

（资料来源：作者搜集、分析、整理）

二、转轨经济催生并放大政府庇荫

1. 中国的转轨经济

一个国家一旦选择了以优先发展重工业为目标的赶超战略，扭曲的宏观政策环境、高度集中的资源配置制度和没有自主性的微观经营机制便相继形成，这种三位一体的传统经济体制相互依存、互为条件。随着时间的推移，计划经济的缺陷日益明显。中国的转轨经济是中国政府和人民经历过沉痛的教训后，在不断思索中摸索进行的，中国的转轨经济过程，就是一个社会主义国家经济理论的探索历程，这个过程仍在进行之中。限于篇幅与主题的制约，根据文献把中国的转轨经济过程整理、浓缩在表6-3中，把中国社会主义国家经济理论的探索历程整理、浓缩在表6-4中。

从表6-3中可以看出，从计划经济到市场经济的过渡是一个缓慢的过程，在这个过程中政府参与经济的力度在不断减小。

表6-3　中国转轨经济轨迹

	时间	主要标志	主要政策和经济特点	政府经济职能
第一阶段	1949—1978年	十一届三中全会	传统的计划经济体制，决策权高度集中，市场机制不存在	政府直接经营
第二阶段（双轨制）	1979—1984年	改革开放	计划经济为主，市场调节为辅	政府直接经营，但有所收缩
	1984—1987年	十二届三中全会	有计划的商品经济	政府直接经营仍占主导，宏观调控和"守夜人"职能开始萌芽
	1987—1989年	十三大	国家调节市场、市场引导企业	宏观调控为主，"守夜人"职能上升，政府管制职能从直接经营职能中逐渐分离，具有可辨性
	1989—1991年		计划经济与市场调节相结合，是治理整顿时期特殊经济政治环境的产物	加强对经济的行政控制，直接计划调节有所加强
第三阶段	1992年至今	十四大	十四大，提出建立社会主义市场经济体制；十五大，充分发挥市场机制作用，健全宏观调控体系；十六大，完善社会主义经济体制	"守夜人"职能加强；宏观调控职能成为政府的主导职能；政府管理有所加强；直接经营职能有所下降

（资料来源：作者搜集、分析、整理）

　　从表6-4中可以看到，在社会主义国家探索其经济建设理论的历程中，政府经济职能限度的多寡一直是一个争论不休的问题，这源于政府对放弃其部分经济职能的担心以及对社会经济进行掌控的责任感，政府这种对自身与市场关系的暧昧认识，一方面源于对市场经济的不了解和不信任，另一方面则源于其官员对手中权力的留恋。从表6-4中还可以看出，社会主义国家对市场与政府的相互关系的讨论与探索过程是曲折而敏感的，这种曲折和敏感现在看来大可不必，亦不利于正常的学术研究。

表6-4　社会主义国家经济理论的探索历程

阶段	时间	主流观点	争论焦点	主要事件	主要人物
第一阶段	从马克思、恩格斯计划模式的提出，到20世纪50年代中后期	政府经济职能应覆盖全社会	计划经济下，市场因素能否存在	1943年，苏共中央理论刊物《在马克思主义旗帜下》批评了认为社会主义经济中已消灭了价值规律的观点，打破了理论界长期以来不准讨论价值规律的禁区	普列奥布拉任斯基与布哈林之争（工业化过程要不要引入市场）；米塞斯与哈耶克之争（计划经济能否实现资源的最佳配置）
第二阶段	从20世纪50年代中后期，至1989年东欧剧变为止	承认社会主义经济中存在市场经济和价值规律	计划与市场如何结合		米托多罗维奇、E. 利别尔曼、A. 鲁米扬采夫
第三阶段	20世纪90年代以来	政府经济职能限度须大力缩减	政府经济职能限度的多寡	1989年后原苏东国家纷纷向市场经济过渡；1992年中国提出建立社会主义市场经济体制的目标模式	王绍光、胡鞍钢等与张曙光、茅于轼、樊纲等之争（更多干预与更少干预之争）

（资料来源：作者搜集、分析、整理）

为了更清晰地了解这两个过程在人类社会经济历史上的地位与作用，重温经济学的发展进程对确定转轨经济的历史定位是大有裨益的。对了解经济学理论演变而言，经济学家谱（图6-1）[97]具有纲举目张的作用，从中可以抽丝剥茧出浩瀚的经济理论和深刻的思想启示。对本书来说有三点是起佐证作用的：①从图右侧的路线可以看出，尽管右侧是市场经济（资本主义经济学）的发展进程，但它并没有否定政府的作用，只不过人们对政府在经济中的作用的认识像个钟摆，在自由主义和干预主义两极间摇摆；②从图左侧的路线可以看出，社会主义市场经济学是从社会主义经济学发展出来的，相对右侧的资本主义经济学而言，社会主义市场经济学的历史非常短暂，对于政府主导的中国经济社会而言，在转轨经济过程中存在政府庇荫，是一种历史惯性，这一点对确认政府庇荫的存在，具有重要意义；③从图中可以看出，社会主义市场经济学与现代西方经济学在 20 世纪末产生交集——"转轨经济"，转轨经济似乎意味着市场经济和计划经济走向一定程度的融合。

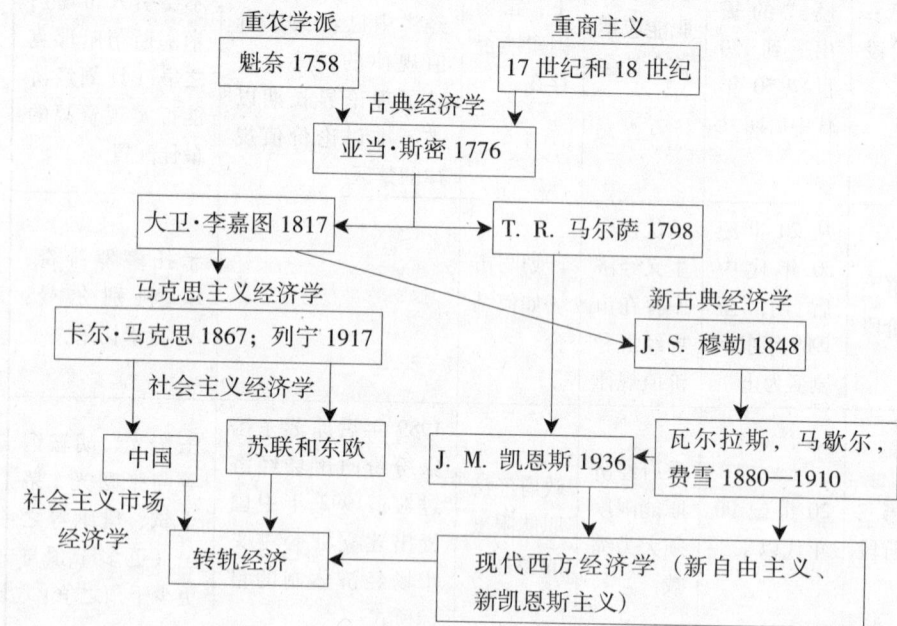

图 6 - 1　经济学家谱

2. 转轨经济催生并放大政府庇荫

转轨经济过程中，汽车产业中政府庇荫的放大，主要表现在：

第一，产业进入限制。改革开放后，汽车需求急剧上升，出现了前所未有的供不应求的紧张局面，各地方政府和部门在利益驱动下，从本地区利益出发，认识到汽车产业尤其是轿车产业的发展是一个很大的经济增长点，它们各自为政，采取各种手段，以期获得中央政府批准它们的汽车项目。在这一背景下中国汽车产业出现了第三次高潮，整车厂由 1982 年的 58 个增加到 1986 年的 114 个，产业规模扩大速度非常快，事实上有段时间中央政府已经不能够控制地方发展它们自己的汽车产业。面对这种情况，中央政府采取了两种措施：首先，实行严格的进入限制政策，从 1985年开始通过产品目录制度①、产品认证制度②和行政干预③等方法对地方，特别是民营企业进行限制，1987 年 8 月国务院北戴河会议明确建设一汽、二汽和上汽 3 个轿车生产点，1988 年国务院在《关于严格控制轿车生产点的通知》中明确提出轿车生产布局实施"三大三小"战略，不再批准任何其他的生产点；其次，提高新项目行政审批的规模门槛，明确规定现有企业限期达到的经济规模目标，还规定新建、扩建、改造和中外合资、合作及技术引进的轿车项目的承办单位必须是符合产业政策要求的国家重点支持的企业，其项目由国家审批，各地区、各部门审批的项目一律报国家计委、国家经贸委、机械工业部备案等。进入限制的初衷是治乱，但它强化了政府庇荫的副作用，汽车产业进入限制长期存在，阻碍了市场竞争机制的作用，受庇荫企业——往往是没有自生能力的国有企业借此得以生存，而有竞争力的民营企业却长期被排斥在产业之外。把表 4 - 9 中样本企业的综合政府庇荫度按降序排列并稍加整理，得到表 6 - 5。从表中可以看出，一汽高居榜首，上汽和东风紧跟其后，广汽和北汽位居第四、第五位，排在前面的企业都是当年（包括现在）备受关照、扶持的企业。

表 6 - 5　轿车产业中企业政府庇荫度

企业（集团）名称	综合政府庇荫度	自主品牌产品密度	自主品牌产品缺失度	是否合资
中国第一汽车集团	5.000	0.172	0.828	是
上海汽车工业（集团）公司	4.930	0.050	0.950	是
东风汽车集团	4.930	0.020	- 0.020	是
广州汽车工业集团有限公司	4.530	0.000	0.000	是

---

① 产品目录由汽车产业行业管理部门和公安部联合制定，目录列入了国家与地方汽车生产企业和产品型号，凡未列入产品目录的产品不准在市场上销售，公安机关不予登记上牌照。

② 国家依据技术法规对汽车产品实施国际上通用的认证制度，未经认证合格产品的生产厂家不得继续开办。

③ 行政干预的主要方式有：汽车产业行业管理部门对地方政府或民营企业未经许可而设立的汽车生产点，表示不予支持，劝其停止；对上报发改委或行业主管部门的项目在审批程序中予以否决；对地方政府或民营企业未经许可而设立的汽车生产点在利用外资、进口散件审批时予以否决。

（续上表）

企业（集团）名称	综合政府庇荫度	自主品牌产品密度	自主品牌产品缺失度	是否合资
北京汽车工业控股有限责任公司	4.530	0.000	0.000	是
南京汽车集团有限公司	3.320	1.000	−1.000	是
福建省汽车工业集团公司	3.320	0.694	−0.694	是
长安汽车（集团）有限责任公司	3.320	0.239	−0.239	是
奇瑞汽车股份有限公司	3.110	1.000	−1.000	否
江西昌河汽车股份有限公司	3.000	0.011	−0.011	是
湖南江南汽车制造有限公司	3.000	0.000	0.000	是
哈飞汽车股份有限公司	3.000	0.854	−0.854	是
贵航青年莲花汽车有限公司	3.000	0.000	0.000	是
海南汽车有限公司	2.820	1.000	−1.000	否
华晨汽车集团控股有限公司	2.400	0.752	−0.752	是
安徽江淮汽车股份有限公司	2.290	1.000	−1.000	否
比亚迪汽车有限公司	1.710	1.000	−1.000	否
重庆力帆乘用车有限公司	1.000	1.000	−1.000	否
浙江吉利控股集团有限公司	1.000	1.000	−1.000	否
长城汽车股份有限公司	1.000	1.000	−1.000	否

第二，加强对国企的政策扶持。长期以来，中央政府对于轿车产业的关爱更多地集中在第一汽车、东风汽车、上海汽车等大型国有企业上，1989年3月发布的《产业政策要点》把已经批准的轿车项目列为国家重点支持项目，政府对这些受庇荫企业的扶持可谓无微不至，从项目立项、直接投资、技术引进、财税倾斜、银行贷款、公开发行股票融资等，都给予支持。

三、政策扶持转化为政府庇荫的过程

中国市场经济不断深入的过程就是政策扶持转化为政府庇荫的过程，中国轿车产业的发展史，就是一部政府庇荫的成长史。根据产业生命周期

理论，现阶段中国轿车产业处于成长期后段，而政府庇荫领先产业发展，处于成熟期。表6－2是新中国成立至今汽车产业主要职能部门、产业政策、产业动态的演变过程，从中可看出政府庇荫的相应变化。

1. 政府庇荫的萌芽期（1953—1977 年）

如前所述，中国汽车产业是在国家赶超战略下建立和发展的。期间两次发展高潮都是以企业下放为手段：一是"大跃进"浪潮中，全国汽车制造厂由 1 家快速增加到 16 家；二是 20 世纪 70 年代初，因为汽车需求激增，国家再次把经营权下放到地方，1976 年全国的汽车生产厂家增加到 53 个。这期间政府一直是汽车产业的投资主体，整车厂几乎百分之百是中央和地方政府投入资本，仅有国营一种体制，同时，国家主要对一汽、二汽等大型国有汽车制造厂进行政策倾斜，对地方汽车企业则持"收"、"压"、"管"的态度。"大跃进"时期地方汽车企业的兴起，标志着政府庇荫的萌芽，但应该说，随之而来的对一汽、二汽等大型国有汽车企业的政策倾斜，基本上还是以扶持国家幼稚产业为目的。

2. 政府庇荫的成长期（1978—1994 年）

改革开放后，社会对汽车需求持续增长，中央政府各个部门以及地方政府把汽车产业特别是轿车产业视作投资热点与支柱产业，它们各自为政，采取各种手段进行政府俘获，谋求各种汽车项目立项。面对这种情况，国务院采取了两种措施：第一，实施目录管理制度，实行严格的进入限制政策，1987 年确立认可的轿车企业只有一汽、二汽和上汽 3 个，在1988 年《关于严格控制轿车生产点的通知》中增加至 6 个，即"三大三小"，1994 年扩大为 8 个，入围的都是国有大型企业；第二，国家计委、国家经贸委、机械工业部等部门提高了新项目行政审批的标准，把规模门槛当作一种进入限制手段，规模壁垒扼杀了民营企业与地方企业的萌芽与发展，强化"国家队"的主导地位。在这一阶段中，由于各种资本性质的汽车企业迅速发展，国家对轿车产业的政策扶持集中体现在对大型国有汽车企业的扶持，实行"市场换技术"产业政策时，全部合资资格和合资项目都给予北汽、一汽、二汽等大型国企（见表6－5"是否合资"一栏），而地方企业特别是民营企业基本上不能进入合资这一盈利捷径。

对于政府主导的中国经济社会而言，在纷繁复杂的转轨经济过程中强化对大型国企的政策扶持，是一种历史惯性。[98]虽然在这一时期政府经济职能限度的界定是一个热烈争论的问题，政策扶持仍以扶持国家幼稚产业为目的，但是，双轨制的存在使利益集团深刻理解政府庇荫带来的特权和价值，并适时加以转化利用。转轨经济促进并放大了政府庇荫，使之快速成长。

3. 政府庇荫的成熟期（1995 年以来）

转轨经济意味着市场的相对开放和进入壁垒的相对降低，为达到掌控、引导的目的，政府加大对大型国有汽车企业的扶持力度，这些政策扶持（如合资许可、项目许可）无形中成为国有企业的一种稀有资源，而市场经济中价格放开后的高额产品利润加剧了国有企业对这种资源的渴求，把政策扶持蜕变成一种庇荫是受扶持企业及其老总的理性选择。

当产业格局相对稳定，利益集团与主管部门达成某种默契，重大的政策变化与机会都已尘埃落定，各利益相关者能够熟练地把政策扶持当作一种利益来源时，政府庇荫就进入了成熟期。政策扶持对一些利益集团的庇荫主要体现在产业的常规管理上：提高新项目行政审批的规模门槛，明确规定现有企业限期达到的经济规模目标，规定新建、扩建、改造和中外合资、合作及技术引进的轿车项目承办单位必须是符合产业政策要求的国家重点支持的企业，其项目由国家审批，各地区、各部门审批的项目一律报国家计委、国家经贸委、机械工业部备案等。[99]这些政策为大型国有汽车企业营造出一个类似温室的生存环境，并且常态化，具有稳定性。在这一阶段，扶持国家幼稚产业已经变味，确切地讲，产业政策是在扶持利益集团。

四、政策扶持转化为政府庇荫的激励

日本政府初期对汽车产业的热情与干预与中国的情况十分相似，但是，日本政府与业界在 20 世纪 70 年代逐渐形成了"利用市场机制的资源分配能使经济得到充分发展"、"应该严格抑制过分政策干预与产业过度保护"的共识，产业政策的运用被限定在市场失败的领域[41]，在这种情况下，日本轿车产业在竞争中茁壮成长起来。应该说，中国轿车产业乃至很多产业至今仍未能摆脱政府干预尤其是政府庇荫的桎梏，主要原因不是理论和认识的欠缺，而是利益集团的掣肘，现实存在着致力于把政策扶持转化为政府庇荫的各种激励。

1. 主管部门的政治创租激励

对于政府主管部门官员来说，实行计划分配和行政审批制度使他们对项目握有生杀予夺的权力，可以为他们带来难以计量的有形和无形的好处，而保护在位者和限制新进入者对在位企业和政府部门都有好处，因

此，一个长期左右中国汽车产业政策的"社区"也应运而生[14]，这就是"政治创租"。这种政治创租的主要借口和手段是政府的直接经营、政府管制、宏观调控、"守夜人"等经济职能。更危险的是，正如布坎南在公共选择理论中所阐述的，政府特别是主管部门官员的目标往往是所辖产业或企业规模的最大化，而非企业利润的最大化，因为规模最大化比企业利润最大化更能扩大部门和个人的势力范围，增加个人的升迁机会。在这种个人或部门理性的激励下，官僚及其机构与企业或明或暗结成利益共同体，使得国有企业、部门预算、政策扶持、政治创租具有不断扩大的动力与趋势。

2. 企业寻求政府庇荫的激励

政策扶持是企业政治资源的一种形式。把政策扶持转化为政府庇荫可形成企业的独特竞争力并带来竞争优势，因为，作为一种政治资源或社会资本，政府庇荫符合 VRIO（价值、稀缺、高模仿成本、组织能力）模型的四个标准[100]，更具有一劳永逸的特点和持续性，是所有企业孜孜以求的无形资源。并且，诚如约瑟夫·E. 斯蒂格利茨所言，国有企业往往把本企业经理和职工的福利置于国家利益之上。[36]这种热衷于自身福利的突出表现便是受政策扶持的大型国有汽车企业有意无意、巧妙地把来自政府的扶持转化为一种庇荫，在这种政府庇荫下，它们在市场准入、生产过程和产品销售等环节为自己构建了一个唯我独尊的生存环境。由于整个产业处于政府的管制之下，受扶持企业可利用各种庇荫产生利润，比如，目录可以买卖，带有小轿车生产资格的企业可以卖壳，又如，受扶持企业可获得政府的进口关税减免与进出口配额，当某些产品国内十分畅销、一些关键的部件或原材料需要进口时，得到进口配额许可和进口关税减免的大型国企就有机会赚取超额利润。

3. 国企负责人追求政府庇荫的激励

既然政府庇荫是中国企业孜孜以求的一种资源，那么必然也是所有企业领导者追求的东西。国企负责人追求政府庇荫的激励尚有自身的特点：国企负责人身兼官员与企业家二职，他们并不是真正的企业家，个体理性常常使他们首先是想自己能够在位或继续留任，享受政治级别与岗位消费，然后再在有限的任期内寻求企业降低经营风险、平稳发展。基于这种无过便是功的指导思想，他们会运用企业资源进行政府俘获，寻求各种优惠政策[101]、扶持政策和垄断资源，实现政府庇荫下成本低、见效快、政绩大的目标；官员身份及其与政府的亲密关系，使得他们在寻求政府庇荫活动中具有天然的优势；在扭曲的评价体系下，获得政府庇荫的多寡成了国企负责人关系网是否宽广、是否有政府背景、经营能力强弱的隐性衡量标准。

五、政策扶持转化为政府庇荫的途径

以上分析是按产业发展的时间维度来考察政策扶持如何随产业、市场的变化而转化为政府庇荫的。事实上，政府庇荫的萌芽、成长与成熟是企业与产业政策制定者、政府主管部门互动的过程。这种互动一般通过以下三种途径完成，按顺序三种途径与表6-2"政府庇荫"一栏中的萌芽期、成长期、成熟期三个阶段有一定的对应，但并不是严格的对应关系。

1. 产业准入

为保护和扶持在位大型国有企业的市场地位，政府职能部门需要限制地方企业尤其是民营企业的挑战和竞争。产业准入限制的最常见理由是避免散乱差、防止过度竞争、充分利用规模经济、提高市场集中度。目录管理制度是中国汽车产业实施产业准入限制的主要工具，国家发改委是管理决定产业准入的主管部门，没有它的批准，即使企业和产品符合准入规定也不能进入国家目录。产业准入限制在为一汽、二汽等在位大型企业提供了壁垒保护的同时，也为民营与地方企业设定了非常高的进入壁垒，新的企业几乎不可能进入。实施进入限制有其合理性，但它同时也强化了政府庇荫的弊端，很大程度上限制了竞争。庞大的市场需求和潜在竞争者的缺席令市场成为卖方市场，一些没有自主创新能力的受扶持国企因此可以生存发展，而有自主品牌创新能力的民营和地方企业却被排斥在产业之外。体现这种产业准入庇荫的典型案例是奇瑞汽车为取得车辆生产管理目录的资格，将3.5亿元资产划给上汽集团。

2. 合资资格

1978年开始的合资决策影响巨大而深远，很大程度造成了中国汽车产业的发展现状与格局。考察表6-5，政府庇荫度在3以上的企业除了奇瑞全都取得了合资资格，回溯历史可知，上汽、一汽、东风、广汽、北汽都是"三大三小"名单里的"宠儿"。若在表6-5"是否合资"一栏中对"是"赋值1，对"否"赋值0，则表6-5中"政府庇荫度"与"是否合资"两变量的相关系数为0.676（$p < 0.01$）。这种显著相关的深层原因是20纪80年代末至21世纪初轿车一直供不应求，面对庞大的潜在利润，各受扶持企业为抢占市场，利用政府庇荫走上合资道路，使合资资格成为一

种稀缺的垄断资源。

3. 过程管理

政府除了在产业准入、合资资格上对定点大型国有企业进行有失公平的扶持，严格限制进入者，在过程管理中也延续这种"偏爱"。《产业政策要点》（1989 年）中政府重点支持的完全是以在位大型国企为主体的轿车企业，《90 年代国家产业政策》（1990 年）、《汽车工业产业政策》（1994年）不但继续贯彻之前的政策精神，而且对受扶持企业的庇荫措施开始细化，从技术、项目、资金、税收、融资甚至政府采购等方面都予以无微不至的关怀。同时，政府偏爱在合资审批过程中表现得特别明显，能与外国汽车企业合资的都是"三大三小"或 8 家名单里的国有企业集团，地方特别是民营汽车企业都未能得到批准。伴随着这种偏爱，政府对汽车产业干预政策的原则性在各种高超的公关手段下变得灵活起来，作为汽车管制工具的目录制可以轻易更改，目录资格可以买卖，合资政策可以随意倾斜。①政策扶持与倾斜没有实现初衷，没有发挥应有的作用，而且越来越有利于一些特殊利益集团，沦为它们的寻租工具。

第二节　政府庇荫与自主品牌缺失

政府之所以要庇荫企业，基于这样一个美好的出发点：希望受庇荫企业在适当的扶持下发展壮大，逐步形成其自生能力，最终达到生产自主品牌汽车。但是，这种做法会演变成"计划经济的权力"加上"市场经济的市场"，成为企业、企业家谋求私利的工具，甚至成为寻租的保护伞，而受庇荫企业也会演变为各式各样的利益集团。而当各种活跃的利益集团热衷于寻求特殊利益时，就会降低社会效率和国民收入，还会带来政治不稳定因素。利益集团往往追求瓜分更多社会财富，而且这些利益集团在瓜分社会财富的同时，还会损耗社会财富。奥尔森把这些既得利益集团之间的竞争比作一群人在瓷器店里争夺瓷器：一部分人在多拿的同时，还会打破许多大家本可以分到手的瓷器。[32]

改革开放前轿车产业中的政府庇荫并不导致自主品牌缺失，因为那时

---

① 比如：的士头人货车货斗加盖后，在目录上可由"1"字头变为"6"字头的 SUV；奇瑞向上汽购买轿车生产资格；从一个中资企业只能和一个外资企业合资倾斜为一对二、一对三。

中国国门紧闭，有限的进口汽车对中国汽车产业不构成威胁，但是，改革开放后的合资浪潮，则导致了汽车产业日益活跃的"抢瓷器"活动：不但市场换不来核心技术，换不来自主品牌，而且丢掉了市场，丧失了自主品牌。

其实，这种现象不足为奇，本来在转轨经济过程中，利益集团的"抢瓷器"现象发生的频率就最高，这是因为：计划体制国家的建国一般经历了革命、战争和社会结构的巨大变动，这些激烈的震荡扫清了社会中原有的利益集团，而计划体制初期的经济增长应归功于当时这种体制能有效地抑制利益集团活动。社会相对稳定后，新的利益集团开始在计划体制内部逐渐产生（比如，各主管部门的高中级干部和下属企业的领导人由于有着共同利益基础，可能形成共谋），随着计划经济的推进，产生部门结盟，部门结盟在计划体制之下是最大既得利益集团，部门结盟在寻求特殊利益的过程中，逐渐侵蚀着计划体制的基石，即使如此，在计划经济条件下，全国是一个国家垄断的巨大公司，可以用由上到下的行政命令和党纪约束控制，利益集团对特殊利益的寻求仍然是被抑制的，最多只能算是"偷瓷器"，但是，市场经济的实行，为利益集团手中的权力或资源变为金钱提供了便利，在计划经济的权力和市场经济的利益之间搭起了一座桥梁，利益集团往往损人利己，"抢瓷器"成了它们的主要生存方式。

一、合资目的的淡化

1. 中国汽车产业的合资之路

中国汽车产业的发展分三个阶段。前面提到，1953 至 1958 年是中国汽车产业的创建阶段，1958 至 1984 年是中国汽车产业的独立自主发展阶段，这期间没有任何外援和合资。1984 年开始，中国汽车产业进入对外开放阶段，期间有三次合资浪潮。

第一轮合资浪潮的标志是第一家整车制造合资公司——北京吉普汽车有限公司（由北京汽车工业公司与克莱斯勒共同投资的轿车生产企业）于1983 年诞生。在这之后一大批合资公司在中国产生。1985 年，上海大众汽车公司成立，南京汽车引入了意大利菲亚特的依维柯汽车，广州汽车与法国标致进行合资。中央政府一度只准"三大三小"六个企业和外国企业进行合作，并试图通过鼓励这六个企业和其他企业之间的联合、合并来促进轿车产业的集中化。1990 年，轿车产业的"三大基地"进一步调整，上海汽车工业总公司宣告成立，投资上百亿，规划 15 万辆的一汽大众、神龙项目开始实施。

第二轮合资浪潮从 1998 年开始，主要合资项目有上海通用、广州本田等，而后别克、雅阁轿车相继问世。

第三轮合资浪潮从 2002 年开始，宝马、起亚、现代、丰田纷至沓来，都找到了进入中国市场的合作伙伴，尾随其后，德国奔驰也步入了合资之列。

从 1984 年到 2004 年，在近 20 年的时间内，世界主要汽车制造企业完成了对中国汽车市场的瓜分，中国成了万国汽车市场，而中国政府"市场换技术"的产业政策至今仍停留在政策层面上，成为一道一厢情愿的风景。

2. 合资目的的淡化

国家让部分汽车企业进行合资的初衷是：通过合资引进先进的产品技术和生产管理经验，在引进过程中实现零部件国产化，最终达到自主开发、生产自主品牌产品的目的。

这一产业政策的初衷是有偏差的。因为零部件国产化不能自动导致产品开发能力的生成，产品开发能力只能通过产品开发实践获得。汽车产业大规模生产的全过程不仅仅是发生在如图 6 - 2 所示的生产制造环节上[102]，还要包括如图 6 - 3 所示的产品开发和营销服务两个环节[80]。路风、封凯栋以车身开发（见图 6 - 4）为例，说明了产品开发与零部件生产是两种不同性质的活动。[80]从图 6 - 4 可以看到，对于新车身开发来说，生产环节仅仅是自主品牌轿车生产过程的 1/5，因此，如果合资企业仅仅满足于拼装或仅追求零部件国产化，那么它们就只能永远是"只见树木不见森林"。

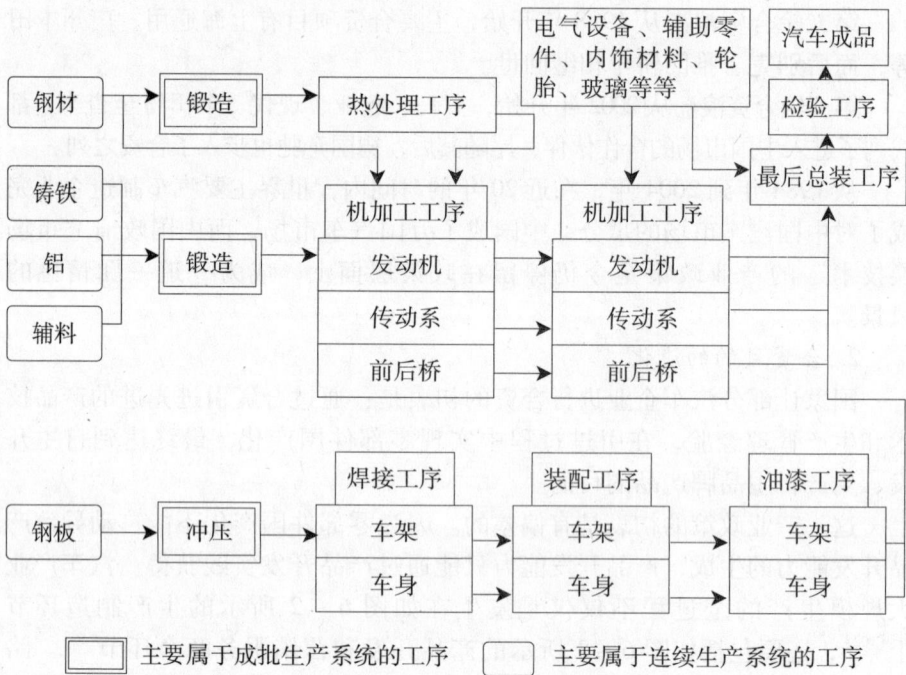

图 6-2   汽车生产工序流程图

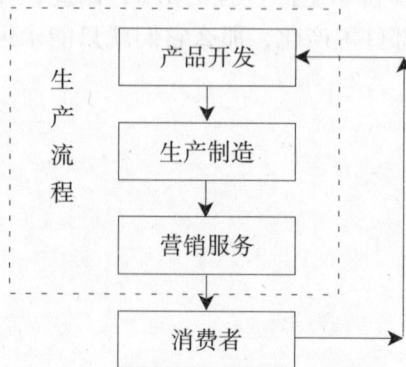

图 6-3   汽车产业生产流程概况

```
┌─────────────────────────────────────────────────┐
│  市场调研、可行性分析报告        第一阶段：策划    │
│         ↓                                        │
│      开发指令                                    │
│         ↓                                        │
│      草图绘制      ←──  评审                      │
│         ↓                                        │
│       渲染        ←──  评审                      │
│         ↓                                        │
│   油泥模型（1：1）  ←──  评审                      │
│         ↓                                        │
│   铣削模型（1：1）  ←──  评审确定                  │
├─────────────────────────────────────────────────┤
│   A Surface 发放              第二阶段：产品的     │
│         ↓                      设计与开发         │
│    CAD 工艺数模                                   │
│         ↓                                        │
│     CAE 分析                                     │
│         ↓                                        │
│   Prototype 样车                                 │
│         ↓                                        │
│       试验                                       │
├─────────────────────────────────────────────────┤
│     开正式模具                 第三阶段：过程的     │
│         ↓                      设计与开发         │
│      试组装                                      │
│         ↓                                        │
│       试验                                       │
│         ↓                                        │
│       下线                                       │
│         ↓                                        │
│     生产准备                                     │
├─────────────────────────────────────────────────┤
│  SOP：冲压、焊接、涂装、        第四阶段：产品和    │
│  总装、检测……                  过程的确定         │
├─────────────────────────────────────────────────┤
│     销售与服务                 第五阶段：反馈和改进  │
└─────────────────────────────────────────────────┘
```

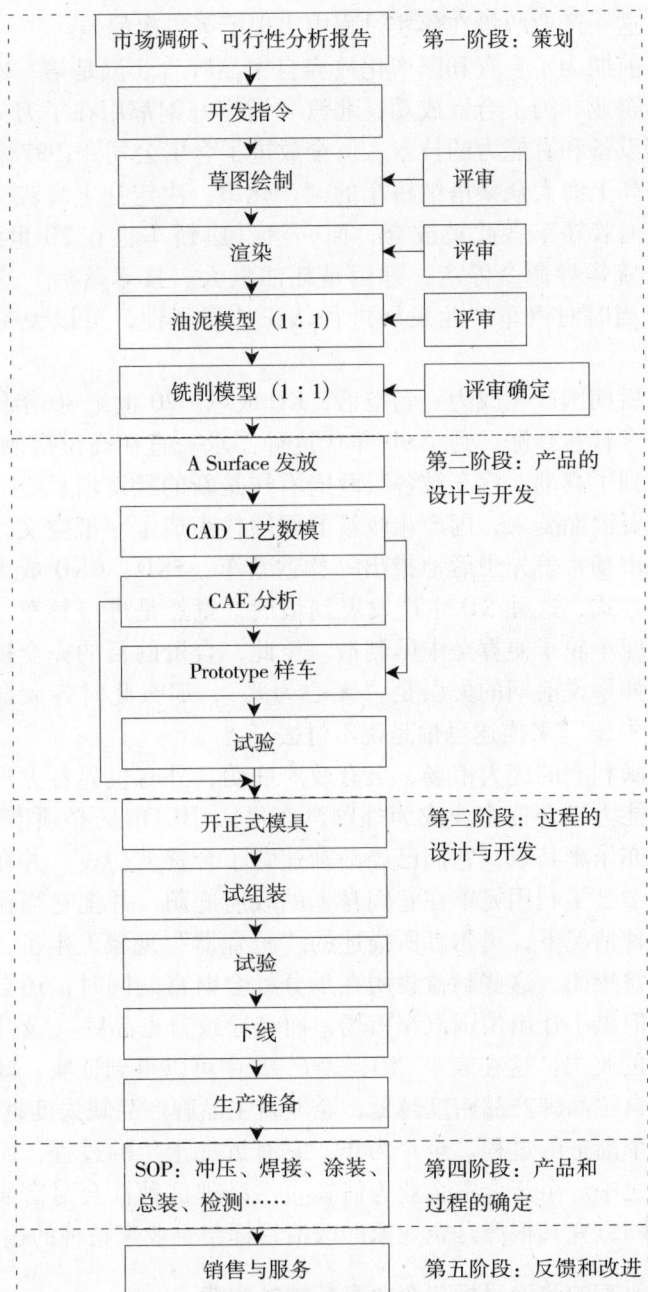

图 6 - 4 新车型车身开发与生产环节

但是，这一产业政策在落实过程中出现了第二次偏差。

第一，前期为了合资和国产化放弃自主品牌。北汽是第一家进行合资的中国汽车企业，为了合资成功，北汽可谓把好钢都用在了刀刃上，把母公司的良好设备和有能力的技术人员全放进了合资公司；1987 年，上海市政府为了提高上海大众桑塔纳轿车的国产化率，决定让上海汽车厂并入上海大众，上海牌轿车就此被放弃；而一汽红旗轿车也在 20 世纪 80 年代初，被国务院领导命令停产，理由是耗油量大、技术落后。这种失误应该说是源于当时对汽车产业发展进程认识的局限性，可以说是一种无意的失误。

第二，后期国产化成为一句空话，KD 成风。20 世纪 80 年代末，社会对汽车的需求日益高涨，到了 90 年代这种需求一直在高位徘徊，至 21 世纪初更是达到了高潮。汽车被各级政府看作是新的经济增长点。随着一轮又一轮的合资浪潮袭来，国产化政策的硬性约束成了一纸空文，各合资企业为了抢占市场，争先恐后地推出一款款新车，SKD、CKD 成为合资企业的主要生产方式，这种 KD 生产发展到最后，竟然是进口整车，然后在组装车间装上四个轮子便算是中国制造。至此，合资的目的完全被合资企业抛之脑后。如果说前期的失误是"无心为恶"，那么此时各大合资企业的行为，用"失误"来描述恐怕是说不过去了。

面对充满利润的庞大市场，上有政府庇荫，外有世界各大汽车制造商的过剩生产能力，合资企业成为外国汽车进入中国市场必须借力的跳板，而合资企业亦乐享其成，它们已经渐渐违背了合资的初衷，并在市场经济的浪潮中，学会了利用笼罩在它们身上的政府庇荫，并把它当作一种垄断资源，在这种情况下，奥尔森所描述的"抢瓷器"现象发生了：受庇荫企业发展成利益集团，这些利益集团在瓜分社会财富的同时，还会损耗社会财富——不但拱手让出中国汽车市场，而且导致自主品牌（及开发自主品牌的能力）的丧失。这在表 4-10、表 6-5 中可以得到证实：政府庇荫度越高，现期自主品牌产品密度越低，企业自主品牌产品缺失度越高。

这是一个渐进的过程，至今为止，它有近三十年的过程，而且这一过程仍在持续之中。至于合资企业为何置自主品牌这种社会财富或可持续发展能力于不顾，究其根源是企业家的政治目标与企业家精神的违背。

二、企业家的政治目标与企业家精神的违背

企业家精神与品牌建设有着密切的联系，像福特、丰田等世界级大型汽车制造公司都是出身低微，经大浪淘沙、身经百战后逐步发展成长起来的，它们的世界级品牌是坚忍不拔的企业家精神和品牌文化不断锤炼、积淀的结果。应当说中国的国有汽车企业尚未达到构建世界品牌的程度，因为，国企的企业家精神在很大程度上仍未能形成，或者说，国有汽车企业在很大程度上受到公司体制、企业家的政治目标的困扰，这种困扰导致了自主品牌的丧失，更不要说去构建世界品牌了。

1. 企业与企业家精神

（1）企业的性质。

科斯（R. H. Coase）在他的论著《企业的性质》中指出，在企业之外，价值变动指挥生产，后者由一系列市场上的交易来协调，而在企业之内，复杂的市场结构连同交易在企业领导人的权威的指挥和管理下，由"看得见的手"协调，即市场交易被企业领导人的这种协调所取代，由企业领导人指挥生产。这是因为，在某些特定的条件下，运用企业来组织"交易"，较之通过市场进行"交易"，其"交易成本"较低。这就是企业存在的原因。[103]各种生产要素的所有者①为获得一定的合同报酬，将这些要素的支配权力让渡给企业领导人，后者可以按照自己的意志指导这些要素用在最有利的用途、安排企业的日常活动。这是职业经理人存在的原因。

（2）企业家精神。

关于企业家精神，有一个很好的比喻：企业是社会最重要的细胞，企业家是细胞核，而企业家精神就是基因。企业家精神的核心是它最能充分地调动人的积极因素，合理调配和充分挖掘包括生产资料在内的各种资源，最大限度地创造财富实现，促进生产力发展的最大化，在追求利润和市值、价值最大化的同时也实现解放和发展生产力。一般来说，企业家精神除了企业家才能，还包括冒险精神、效率精神、诚信精神、合作精神和敬业精神等。

罗伯特·蒙代尔认为，企业家精神是组织的动力引擎，具备企业家精神的企业家才能够创新产品，是天然的领导者，他们有能力预测供需的变

---

① 企业主对企业资产的产权，是剩余控制权（residual rights of control）和剩余索取权（residual claimant rights）的统一。在合约中被明确规定的权利称为特指权利，其余没有被明确规定的权利称为剩余控制权，剩余控制权由企业主来掌握，以保证其利益不受侵犯。剩余索取权是指对企业货币收入在支付了各项生产要素的报酬和投入品价格之后的剩余的索取权。在国企中，由于国家所有者不到位，这两个权利基本上都被"内部人"侵蚀了。

化和市场风险，能够抓住机会，勇于冒险，使目标变为现实。[104]企业家精神是社会的稀缺资源，它对一国经济增长和发展的作用是有目共睹的。蒙代尔认为，没有企业家精神，企业就不能存在，企业家精神在历史上是非常重要的，他以美国经济的发展和繁荣为例，说明正是因为有了大批具有企业家精神的企业家存在，才有当今美国强大的经济。

企业家所处的社会环境对于塑造企业家精神非常重要，其中良好的经营环境和机制、公开公平公正的市场尤为关键，唯有如此，才能使企业家这个特定的生产力要素来到市场，充分施展才能，进行各种创新活动，并获得与其才能对应的成功。

2. 企业家的政治目标与企业家精神的违背

（1）合资企业的中方母公司并非真正意义上的企业。

考察表4-9与表6-5，已经走上合资道路的中方企业的母公司的情况是：除了华晨汽车集团控股有限公司，在余下的企业中，它们的企业行政级别都是处级以上；从企业背景来看，除贵航青年莲花汽车有限公司是军转民企业外，其他的都是中央企业或省级企业；至于企业资产构成，则完全没有民营资产的成分；它们的政策扶持度都在3以上，即至少受省一级的政府产业政策扶持。

国有企业存在的问题，在合资企业的中方母公司中也存在，因为它们也都是国企，而国企从严格意义上来说，并非真正的企业。关于国企的弊端，论述颇多，总的来说，国有企业因在公司产权制度和公司治理结构方面都有其软肋而备受诟病。

第一，所有者缺位，所有者功能丧失。从理论上讲，国有产企业所有权属于全国人民，但"全国人民"是一个不具体的整体概念，如果再具体一层，国有产企业所有权属于中华人民共和国政府，财政部、发改委、国资委、人事部都可以代表政府行使国有产企业所有权，但又都不能全权行使，因为国企占有权归国资委，收益权归财政部，高级领导人员的任命权归党委组织部门，产业政策的制定权归国家发改委，这实际上就是所有者缺位，也就是架空了所有权，其弊端主要有：①在股权结构方面存在"一股独占、一股独大"的问题，像许多国有公司仍然由政府绝对控股，或由国有独资公司（政府授权投资机构）控股；②某些政府部门或其授权投资机构直接决定或插手股份公司的经营计划和经理人选；③由谁来进行激励成为问题，不管采取什么样的激励制度，由于所有者缺位，实际上往往是执行层实行自我激励，而这容易演变成自我交易、自我奖励。其实，社会有其分工，对企业而言，职工和经营者得到的是工资，银行得到的是利息，政府得到的是税收。政府很难成为以追求经济效益为目标的称职股东（政府主要承担社会管理职能，追求社会目标），国有所有者不到位，法人治理结构必然形同虚设，公司就会被"内部人"控制，所有者的权益也就难以保障。

第二，公司治理结构不合理。① 这是企业所有者缺位，难以形成正常的动力和约束机制而引起的副作用。国有企业经营过程缺乏科学民主的决策机制，运作过程缺乏有效的监督和制约机制。国有企业中的领导人（即所谓的企业家）往往看主管部门领导的脸色行事，领导满意是他们的第一指标，他们并不真正关心企业经济效益，因此，管理者为追求"内部人"利益最大化而损害所有者权益的不合理行为时常发生。在这种制度安排下，国有企业中屡屡出现企业被"内部人"控制、国家所有者被架空的行为。虽然轿车产业合资公司中的母公司都已经改制，形成了公司治理结构，但是，它们仍是国有或国家控股企业，不仅财产为国家所有，而且重大事项仍由上级主管机关控制，政企不分，所有权与经营权混为一谈，企业并不独立，其突出表现是，政府直接充当所有者时，往往利用行政权力把控制的公司当作行使社会职能的工具，使公司丧失了商业利益的独立性，而政府对企业的直接干预（如超越《公司法》对人事安排的干预），很容易使公司制衡体制（权力机构、决策机构、执行机构三权分立）遭到破坏，打乱公司的治理机制。[105]

（2）合资企业"企业家"的双重身份与企业家精神退化。

中国轿车产业中进行合资的都是政府庇荫浓厚的国企，这些国企的负

---

① 事实上，国企公司治理结构不合理的问题，是改革开放 30 多年来始终困扰政府与企业、至今仍悬而未决的问题。1998 年中央政府实行机构改革，其中一个指导原则就是实现政企分开，中央决定，政府对国家投资和拥有股权的企业不能直接管理，要通过出资人代表来代行国家所有者职能，即在政府和企业之间设立若干控股公司，通过授权经营，由他们代行国家所有者权能，其目的是使一般企业与政府从财产权上割断联系，避免政府对企业的直接干预，又有利于所有者职能到位。但是，在真正实践中，国家始终在实行国家所有权委托代理和政府直接干预之间举棋不定，陷入了企业经营权在政府与企业之间收与放不断徘徊的格局；当发现直接管理企业有碍政府公正行使职能、企业又缺乏活力时，就倾向实行委托代理，但是，实践一再证明，在所有者缺位情况下，一旦委托，往往就失去制衡和约束；当发现企业失控或出现诸多非正常行为时，政府部门又倾向直接干预，但是，如果由政府部门直接经营和通过名目繁多的审批来体现政府的约束，则往往导致一卡就死和腐败加剧。在这一点上，它成了历史上政府与市场关系时近时远的缩影。中国汽车产业（甚至中国经济）在发展中时有起伏，也与此相关。

责人严格来说并不是真正的企业家（即使他们某些人具有企业家的素质），由于他们身兼官员与企业家二职，这种双重身份不可避免地会令"企业家"的政治目标与企业家精神发生冲突。这种互相矛盾的双重身份是国有产权的运行悖论的集中体现：一方面企业作为产权的实际运行主体客观上要求政企分开，但企业负责人又不是所有者，因而企业就不会将产权价值作为其目标，产权实质处于虚置状态；另一方面国有产权原代表是政府，政府理应对产权负责，而干预企业就成为其行使所有权的一个必然表现。

从表4－9和表6－5可以看出，轿车产业合资公司中的母公司的行政级别并不低，同时汽车产业也是中国的支柱产业，所以对这些公司的老总来说，他们身上官员与企业家两重身份的分量都不轻。但这也使这些老总成了双面人，他们代表哪一方利益、要实现什么目标变得模糊不清。政府官员的目标与企业家的目标完全不一样，政府官员的目标是怎样不断地往上走，企业家的目标是把整个企业做大，使其能够持续地发展。当企业领导者站在企业家立场考虑问题时，他们觉得要作出最大努力，要追求最好的经济效益，争取创造良好业绩，排除各类与生产经营无关的事项，降低成本，努力实现公司和股东权益最大化，他们会长远计划，考虑并实行企业可持续发展计划，愿意从事自主品牌开发等长期投资。但是，由于每个国有企业像是政府的一个部门，国家给它设定了许多非经营性目标（比如要求国有企业设立与政府对应的机构承担社会管理和服务职能），当企业领导者站在官员的立场考虑问题时，他（她）首先要保证自己能留任，其次才是要在自己有限的任期内寻求企业稳妥、安定的发展。这种互相矛盾的双重目标使得国有企业领导者不知所措，但是往往来自企业的现实压力以及个人利益最大化的动机淡化或扼杀他们的企业家精神。而且，在这些企业领导者看来，既然重大问题已由政府决定和批准，自己就没有主要责任，有了业绩是自己努力的结果，经营的亏损有政府承担，这种"无过便是功"的经营哲学，当然不会把自主品牌当作追求的目标。有恒产者有恒心，这些所谓的国企企业家实际上并没有拥有自己的企业，他们用不着作什么百年大计、长远计划。

企业家精神让位于政府干预和政府庇荫、官员的个人偏好取代企业的偏好显然是一种"聪明"而现实的选择。官员往往选择一个稳定、谨慎而又符合上层评价指标的决策，追求实现一个在政府庇荫（特殊政策、优惠政策、政策扶持、垄断资源等）下可以马上见效的具有政绩的项目为重点的目标，这种现象的直接反映是官员只追求短期利益，而不顾长期利益，只追求个体利益而不顾社会的整体均衡发展。这是企业官员企业家精神退化、缺乏独立思想意识或创新意识的原因，这也是官员对 KD 造车感兴趣，而对自主品牌建设不重视的原因，因为创新必然有风险，而风险则增加了失败的可能，因此必然对官员的政治命运产生影响。而企业生产也亦步亦趋，企业的行为必须服从官员的目标，企业成为企业领导追逐政治偏好或取得上级官员的承认的载体，在这种情况下，企业追求利润的方式往往是短期的、涸泽而渔式的，至于像自主品牌这样费时间、耗精力、没有即时利益的事情，往往提不上企业的议事日程。在这种扭曲的公司体制下，中国轿车产业自主品牌的丧失是迟早的事情。

三、非政府庇荫汽车企业的表现

对国有企业的弊端，约瑟夫·E. 斯蒂格利茨一针见血地指出，"有人反对私有制，认为私营企业以牺牲公共利益为代价去追求其自身的利益。福利经济学的基本定理就旨在纠正这种错误的观念。与上述观念相对应的另一个不切实际的神话是，国有企业总是追求'社会'目标。但实际上在理想与现实之间存在着巨大的反差。与追求国家利益作比较，国有企业常常更热衷于改善本企业职工和经理的福利"，"委托—代理理论为理解上述问题提供了一个框架：那些参与决策的人总是使其自身收益最大化，而这些收益很少能与人们所设想的社会目标相一致"。

出于对国有企业的深刻认识，斯蒂格利茨开出良方，"因此，国家经济政策的第一个目标就是确保竞争。在私有化进程中，或者说在重组国有企业时乃至在制定有关重组公司、合作社以及合伙关系的法律时都应该考虑这一点。政府必须采取措施尽量减少进入壁垒"，"当前社会主义经济在建立约束企业行为的'游戏规则'时，应该把有效的反托拉斯政策包括在内。前社会主义经济一定不要屈从于这样的思路，即为了在国际市场上有效地竞争而组建大企业，而把制定反托拉斯政策置于一边"。[36]

斯蒂格利茨以上的言论，不啻是中国轿车产业的阶段性总结。当被中国政府寄予厚望并被披上厚厚的政府庇荫的体制内企业在合资道路上逐渐丧失自主开发的能力和信心、国内轿车市场的80%到90%由跨国公司占有的时候，以奇瑞、吉利等为代表的"体制外"企业却在夹缝中创造出自主品牌，并且在短短几年内走出国门，实现了中国轿车业几代人的梦想。

1. 三个自主品牌轿车企业案例

选取吉利、比亚迪、奇瑞这三个有代表性的企业，原因有三：第一，它们的自主品牌轿车产量在同类中位于前五名；第二，它们属于无政府庇荫或低政府庇荫企业；第三，它们进入汽车产业的时间跨度较大。这三个企业的政府庇荫度和自主品牌产品密度、缺失度如表6-6所示。

表6-6　吉利、比亚迪、奇瑞的政府庇荫度和自主品牌产品密度、缺失度

企业名称	政策扶持	企业行政级别	企业背景	企业资产构成	企业的政府庇荫度	现期自主品牌产品密度	自主品牌产品缺失度
吉利控股集团有限公司	1	1	1	1	1.00	1	-1
比亚迪汽车有限公司	2	1	2	1	1.71	1	-1
奇瑞汽车股份有限公司	3	3	4	3	3.11	1	-1

（1）吉利控股集团。

吉利控股集团创建于1986年11月，其前身是位于浙江省台州市路桥区的黄岩县制冷元件厂。李书福是吉利的创始人和现任董事长、浙江省台州市的民营企业家。吉利从装潢材料起家，后来进入摩托车产业。1994年李书福想造汽车，为了树立起下属的信心，他说了第一句"名言"："造汽车有什么难的，不就是给摩托车再加两个轮子吗？"为此他到管理汽车项目的各个国家部门游说，当某国家部门的官员告诉李书福，民营企业干汽车无异于自杀时，李书福说了第二句"名言"："那就请给我一次跳楼的机会吧！"他因为表现太执着而被称作"李疯子"。

吉利1997年收购了四川德阳一个濒临破产的国有汽车工厂，吉利借此获得汽车生产权。吉利的第一辆轿车（"豪情"样车）是手工敲出来的，吉利第一款车的设计师是钣金工。但是，接下来，吉利渐入佳境，为吉利摩托车配套的零部件企业在吉利进入汽车产业后，以分工合作、分头攻关的形式为吉利汽车生产主要的零配件，到了2000年，吉利控制了临海、宁波和上海浦东三个汽车生产基地，完成了进入汽车产业的基本战略架构。2001年11月吉利轿车终于上了国家经贸委发布的中国汽车生产企业产品公告，吉利控投集团成为中国首家获得轿车生产资格的民营企业。

吉利从 2002 年开始高速发展，2003 年由家族企业向现代管理型企业转变。吉利引进了大量的职业管理人员和专业技术人才，像原天津汽车集团的技术工人（包括原天津汽车集团技术部副部长）、原天津华利公司的总经理、原武汉工业大学的副教授等汽车产业专业人才纷纷加盟吉利。草根出身的吉利使这些中国汽车产业的精英们找到了施展才华的舞台，从而能够发挥他们的潜力。这些体制内汽车技术精英加盟吉利的主要动机来自自主开发的愿望。事实证明，也恰恰是在吉利，他们才真正经历自主开发全过程，他们在吉利完成了产品开发体系、技术管理体系、产品验证确认体系三大体系的建设，吉利圆了他们的自主品牌梦。

2005 年吉利在马来西亚建厂，三款新车在马来西亚 CKD 组装生产，吉利成为第一个在国外设厂的中国汽车企业。2009 年吉利成功收购沃尔沃汽车 100% 的股权，吉利这一并购行为，意味着民营企业集团已逐渐成为中国企业集团实施跨国并购的重要力量。[106] 2012 年吉利以营业收入233.557 亿美元进入世界 500 强，成为上榜的五家中国民企之一。

（2）比亚迪汽车有限公司。

作为一家民营企业，比亚迪以电池代工起家，再到手机代工，最后跨行业进军汽车产业，并进军新能源产业，拥有自主品牌，实现了从电池代工到汽车自主品牌的转型升级。

1995 年，比亚迪股份公司正式创立，初期只有 20 多人的规模，以OEM 方式贴牌生产电话电池、手机电池。2002 年，比亚迪凭借其商业诚信，成为摩托罗拉、诺基亚等重量级客户的最大电池供应商，电池产销量超越了日本三洋、松下等国际知名企业，实现了镍镉电池全球产量第一、镍氢电池全球产量第二。

2003 年，比亚迪正式跨行业收购陕西秦川汽车有限责任公司，组建比亚迪汽车公司，从而进入汽车制造与销售领域。比亚迪收购秦川源于一个偶然机会，当时王传福与朋友闲聊时得知秦川汽车正在寻求买家。王传福一听当即断定这是个机会，因为当时的比亚迪电池业务基本已经到达顶峰，必须寻求企业转型。但是做什么一直是一个难题。王传福觉得手机肯定不能做，因为不能和比亚迪下游企业竞争；家电也不能做，因为竞争太激烈；房地产也不能做，因为门槛很低，未来竞争会很激烈。王传福的逻辑很简单，要找一个玩家少一点、门槛高一点、竞争程度相对低一点的产业进入。他想来想去，只有汽车。除了王传福的主观原因外，也有当时市场的客观原因。2002 年，汽车产业的丰厚利润在制造业激发起一股强烈的

"造车冲动",家电、手机、烟草等产业的巨额资本像潮水一般涌入汽车产业,所有人都想在汽车市场中分到一块蛋糕。2003年一年就有包括美的空调、奥克斯集团、格林柯尔、波导等诸多企业纷纷进军汽车产业。此外,秦川汽车自身的背景也是比亚迪决定收购的重要原因,秦川拥有轿车目录及自主研发福莱尔的经验和技术,其生产线当时都是从国外进口的,设备还算先进。基于类似的理由,2009年,比亚迪以6 000万元的价格,收购总部位于长沙的美的三湘客车,获得客车生产"准生证"。

发展至今,比亚迪已建成西安、北京、深圳、上海、长沙五大汽车产业基地,在整车制造、模具研发、车型开发等方面都达到了国际领先水平,产业格局日渐完善并已迅速成长为中国最具创新能力的新锐品牌。汽车产品包括各种高、中、低端系列燃油轿车,以及汽车模具、汽车零部件、双模电动汽车及纯电动汽车等。2010年,来自英国品牌价值咨询公司的全球最有价值500品牌排行榜显示,比亚迪名列第461位,品牌价值为20.65亿美元。

以做电池起家的比亚迪在汽车产业大获成功,在普通人看来,这无疑是天方夜谭,然而在业界人士眼中,它则是一个另类、强大的竞争对手。比亚迪的成功在于走"从模仿到超越"之路。在它还是代工企业时,就把"模仿学习"作为自己的立身之本,在模仿学习之外,重视自主创新,发掘潜在创新机会,则是其实现转型升级的关键。另外,比亚迪注重组织内部学习能力的复制与传承,它在电池、手机领域积累的"技术分解、流程改造"的创新能力被很好地复制到了汽车制造的研发过程中。外部模仿学习以及内部组织能力的复制,极大地推动了比亚迪的转型升级。[107]同时,正是利用了"自主知识产权"的响亮名号和对秦川汽车的收购行为,使得比亚迪有了相对于其他新手的先发优势。

(3)奇瑞汽车股份有限公司。

奇瑞汽车股份有限公司起源于安徽省芜湖市政府的汽车项目,由于国家政策对轿车项目的限制,项目只能秘密进行,所以项目启动时内部代号为"951秘密工程",对外则称"安徽汽车零部件工业公司(筹备处)"。1996年,"951秘密工程"以2 500万美元的价格购买了英国福特公司的发动机产品技术和一条生产线;1997年3月安徽汽车零部件工业公司(奇瑞汽车公司前身)在芜湖经济开发区破土动工;1999年5月第一台发动机顺利下线;1999年12月,首辆轿车下线;2000年,安徽省汽车零部件有限公司生产了2 000多辆汽车,安徽省和芜湖市两级政府指定奇瑞汽车为芜湖的出租车用车，允许其上牌照，以使这个没有生产汽车许可证的企业能够生存下去。

但是，由于奇瑞造出来的车没有登上国家目录，还是被国家有关部门要求停产。在国家经贸委的协调下，奇瑞进行了加入上汽集团的谈判。[108]这是一场不对等的谈判，结果是奇瑞同意将 35 040 万元的资产（注册资本的 20%）无偿划给上汽集团，以换取登上车辆生产管理目录的资格。在奇瑞早期汽车的车标上看到"上汽奇瑞"的字样，原因就在这里，其实当时双方协议的实质，就是"上汽卖轿车生产资格给奇瑞"而已。

2000 年底，由于传言下定决心走合资之路的二汽打算撤销技术中心，十几个二汽技术中心的研发工程师集体出走，加盟奇瑞。以二汽的这批工程师为主，组建了一支由二十几个人组成的汽车开发团队，这支团队组建后不久，连续苦干了 8 个多月，为奇瑞设计出东方之子和 QQ 两款新车型。高级人才只有在进行产品开发的企业才能找到用武之地，正如团队负责人所说的："我们要永远感谢奇瑞！因为当我们原单位的领导认为我们不行的时候，奇瑞给了我们一个能够证明我们自己的机会。"这说明奇瑞的自主创新是一个系统化、全面化的过程，其在形成技术研发体系的同时，综合进行了人才要素、管理要素、组织要素、市场要素和文化要素的创新，形成了与技术创新的适配。[109]

2004 年 6 月，奇瑞公司批量出口（奇瑞风云系列）CKD 件到伊朗进行组装，在委内瑞拉和巴基斯坦也以 CKD 方式合作建厂。2007 年，奇瑞汽车出口 11.98 万辆，轿车出口量连续五年居中国第一。

2. 三个案例的启示

第一，政府庇荫是生产自主品牌轿车的首要屏障。一纸轿车生产许可证，让吉利浪费了几年的时间，让奇瑞白白损失了 3.5 亿元，让比亚迪造车之路迂回曲折。

第二，正是有了这些体制外的汽车企业，"市场换技术"政策所换来的技术才有了技术扩散的途径，像奇瑞的自主开发汽车平台为集体出走的二汽工程师搭建了施展才能的舞台，尽管这种技术扩散的方式并不尽如人意。

第三，不走合资道路的汽车生产企业却更能有效利用国际资源。与合资企业相比，这些轿车自主品牌企业才是真正的全球采购（因为它不必看任何外方的脸色），它们雇用外国技术人员和管理人员，它们是最早到国外设厂的中国汽车企业，尽管它们在走出国门的过程中会有很多挫折，但它们为中国本土企业走出去、真正走上国际化道路开了先河。

3. 更深一层的启示：增量改革的必要性

关于中国增量改革的来由，吴敬琏在其《当代中国经济改革战略与实施》中，有专门的介绍。[110]20 世纪 80 年代初期，国有企业的渐进式改革陷入困境，面对着宏观经济发生混乱、国有企业改革进行不下去的形势，经济领导部门和经济学界发生了一场计划经济与市场调节的新争论，改革派的经济学家认为困难发生的原因是改革的方法不适当而非进行了改革，主张保持计划经济主体地位的政治家和理论家坚持认为困难是由过分强调商品货币关系引起的，这场争论的结果是保守的观点占了上风，从而导致在政治上否定了"社会主义经济是商品经济"的提法，并制定了"计划经济为主，市场调节为辅"的方针（见表 6-3）。在国有企业的渐进式改革陷入困境的情况下，中央领导把改革的重点从城市国有经济转向农村集体经济，1980 年底中央政府决定允许农民根据自愿原则实行家庭承包制度，实行家庭承包制后，农村经济和乡镇企业发展喜人。从此，中央政府开始实施"体制外先行"的战略，即不在国有经济中采取重大的改革，而把改革的重点放到非国有部门去，在非国有部门中鼓励和创建以市场为导向的企业，并把它们作为实现经济增长的主要依托。后来人们称之为增量改革。增量改革是与存量改革相对而言的，它们的存在依据不同的规则——增量规则和存量规则，明确这两种规则的不同点（见表 6-7），对正确看待体制外汽车生产企业是有帮助的。

表 6-7　增量规则与存量规则的差别

	存量规则	增量规则
本质	中国体制内规则，国有企业成为行政机构的附属物，一种经济运行和经济发展服从于政府权力的运作规则	中国体制外规则，个人和企业以追求收益最大化为目标，在市场经济活动中应该遵循的规则
规则来源	计划经济体制	市场经济
经济运行主体	公有产权	私有产权
存在领域	垄断性产业	竞争性产业

在中国的汽车产业中，政府在制定产业政策时，一直就没有增量改革

的想法，相反，国家在扶持大型汽车生产国有企业的同时，对地方特别是民营企业进行限制。但是，民营汽车企业的发展，尤其是它们在自主品牌方面的突出表现，以及家用电器产业的良好绩效，令人不得不对在汽车产业（特别是轿车产业）中进行增量改革的必要性进行深思。

这里可用生产函数进行简单说明。早期的新古典生产函数是 $Q = f(L, K)$，考查的是两个投入要素，即劳动力 L 和资本 K 对产量 Q 的影响。考虑到技术水平（A）、自然条件（S）、企业家才能（T）以及制度（F）等因素对产量 Q 都有影响，可把生产函数扩大为 $Q = F \cdot A \cdot f(L, K, S, T)$。从上式中，至少有三点可说明增量改革对轿车产业的必要性。

第一，增量改革有利于企业家才能的培养。前面已对国有企业的领导人并非真正的企业家、轿车产业中"企业家"的双重身份（官员与经营者）导致企业家精神退化进行了讨论。企业家才能与企业家精神是相辅相成、相互促进的。既然国有企业的领导人（包括合资企业中方领导人）并非真正的企业家，即使他们有企业家的才能，但是由于公司制度的桎梏，他们的企业家才能也受到扼杀，那么，造就一批民营企业家便显得十分必要。在中国的轿车产业中，由于长期不允许民营汽车企业存在，所以企业家也就很难成长，因此，对像吉利、比亚迪、奇瑞这样的企业进行扶持（起码让它们与国企处于同一起跑线上），对私有产权进行保护，便是对企业家才能这个生产要素的重视。

第二，增量改革有利于技术扩散。"以技术换市场"换不来外资的核心技术，换来的非核心技术（相对中国汽车产业而言是先进技术）也只能在合资企业内部扩散，而合资企业的话语权基本上掌握在外商手中，如果没有非合资企业（特别是中国本土企业）的存在，"以技术换市场"换来的非核心技术便没有扩散的客体，像前面介绍的三个体制外的汽车企业的存在，便为"市场换技术"政策所换来的技术提供了扩散的途径。简单而又典型的例子是，奇瑞的存在使二汽出走的技术人员有了去处，有了用武之地。

第三，增量改革有利于轿车产业的制度优化。从生产函数 $Q = F \cdot A \cdot f(L, K, S, T)$ 可以看出，经济增长不仅是各个投入要素的函数，它与制度更是存在着密切的内在联系，制度环境是直接决定各个投入要素如何转化或转化为多少经济增长的关键变量。发展中国家虽然注意在技术引进中的"干中学"，但是发展中国家并没有随着技术引进而迅速建立起与先进技术相匹配的市场结构、产权制度、国家政策和非正式制度环境，从而使得发展中国家即使拥有了技术，却无法拥有真正推动经济进步的技术创新力量。从国家层面来看，创造出生产要素的供给机制比拥有生产要素的程度重要，如果能够形成一种激励技术创新和组织创新的产权制度，就能形成在国际竞争中产生的"人造优势"。[37]总的来说，中国改革开放的实践证明，增量改革所形成的增量规则能够倒逼存量规则，从而推动经济社会的发展。具体到汽车产业，增量改革有利于政府权力从政府管制和直接经营的领域退出，像尽量缩小审批制的管理范围、允许民营企业进入汽车制造产业等；增量改革有利于约束政府的权力，改变政府干预经济的方式，因为，私人领域的合法权利会抗拒政府权力的干预，从而令政府行为必须加强其程序化和法制化，传统的行政干预手段也会受到增量规则的抵制，从而有利于公平竞争市场机制的建立和完善。中国传统的汽车产业政策保护在位者的同时，限制新进入者，这就扼杀了竞争，但是像奇瑞、吉利和比亚迪这样的体制外企业的存在，除了证明自身的良好绩效，还对受庇荫企业构成了潜在的进入威胁，这是产业结构优化的第一步，长久来看，它们若能对体制内企业构成有力竞争，则中国的汽车产业升级会有所加速。

由此可见，撤销体制外企业进入轿车产业的樊篱，鼓励公平竞争，从而令增量改革在汽车产业中发挥像其在国民经济中曾经发挥的作用，对中国汽车产业而言，具有现实意义。

第三节　政府庇荫的危害

对中国汽车产业而言，政府庇荫的表层危害是导致中国汽车自主品牌缺失，深层的危害主要有两点，一是容易在经济全球化条件下造成贫困性增长，二是导致产业内的寻租行为加剧。

一、受庇荫企业的外部性

受庇荫企业与跨国公司合作有其正外部性：技术溢出和管理经验扩散，增加了税收和就业，促进中国汽车产业和相关产业的迅速发展，提高了消费者剩余。但是，受庇荫企业的合资浪潮，也导致了这样一种外部性：拱手出让了市场，学不到核心技术，丢掉了部分自主品牌，而市场的丧失和自主品牌的缺失恰恰损害了全体国民的福利以及产业未来的发展潜力。造成这种外部性的主要原因是受庇荫国有大型汽车企业全都走上了合资的道路，它们以能 KD 为荣，这正是自我开发、自主品牌意识趋向淡化的有力证明[111]。此外，寻求政府庇荫的过程还加剧了行政创租和企业寻租。寻租作为一种非生产性活动，并不增加任何新产品或新财富，只不过改变了生产要素的产权关系，导致经济资源配置扭曲，把更大一部分的国民收入装进私人腰包，同时，寻租导致不同政府部门官员争权夺利，影响政府的声誉，增加廉政成本，导致社会资源浪费，引致"政府失败"。

二、全球化条件下的贫困性增长

贫困性增长是 20 世纪 50 年代国际经济学家在研究经济增长对发展中国家的国际贸易影响时提出来的一个重要命题。50 年代初，阿根廷经济学家普雷维什等人根据发达国家和发展中国家之间贸易关系的历史数据发现，发展中国家以初级产品为主向发达国家出口，发达国家则以制成品为主向发展中国家出口，这一传统的国际贸易模式将导致发展中国家的贸易条件长期恶化，大部分国际贸易所带来的利益实际上被发达国家占有，因此，国际贸易所带来的利益在发达国家和发展中国家之间的分配比例是非常不平等的（普雷维什—辛格命题）。[112]

形成贫困性增长的基本条件有两个[113]：一是发达国家对发展中国家出口产品的需求弹性很低，以至于当发展中国家的出口数量增大时，贸易条件会较快地下降。相对于制成品而言，初级产品的收入需求弹性偏低。发达国家出口产品中以制成品为主，而且资本、技术密集程度相对较高，无论是投资品还是消费品，它们在发展中国家都有着比较高的收入弹性。二是由于"追赶"压力所带来的巨大投资冲动和发展中国家民众对进口商品的普遍追逐（这里有一部分是由消费早熟造成的，像 20 世纪 80 年代中国人对日本进口汽车的狂热追求），使得发展中国家对发达国家的产品、设备和技术的进口需求持续增长，也令发展中国家的价格贸易条件存在着不断恶化的可能。此外，发展中国家出口商品的结构单一化，对出口的依赖度很高，在贸易条件恶性的情况下，尽管国民福利水平下降，但是既定的生产结构仍不能进行有效的调整。

具体到中国汽车产业，有两大因素会导致贫困性增长：第一，缺乏竞争的、用以"换技术"的庞大的中国市场；第二，受庇荫企业的急功近利。

"市场换技术"产业政策是希望在出让中国汽车市场的条件下，外国先进汽车生产企业能够向合资企业输出先进技术，但是，合资企业的外方往往延缓汽车产品的升级换代，始终没有放弃对核心技术的保密，这种状况令"市场换技术"成了政策制定者的一厢情愿。尽管如此，合资企业仍然有生存下去的动力，因为庞大的、缺乏竞争的中国汽车市场为它们提供了源源不断的利润。

随着全球化的发展，21世纪的国际产业分工出现了"垂直分工"形式：跨国企业生产某一产品时，根据比较优势将每个工序分割置于不同地区，研发、销售等附加值高的工序分布于本国或其他发达国家，而劳动密集型的生产环节则逐渐集中于工资水平低下的发展中国家。[114]这种垂直分工发展趋势为急功近利的、未能掌握先进技术的受庇荫企业发挥比较优势提供了方向：既然在产品开发方面没有比较优势，中国汽车产业可以利用中国劳动力便宜的"比较优势"参与全球分工，发挥自身所长成为世界汽车生产车间。受庇荫企业在中国汽车市场未饱和之前，依靠廉价劳动力进行竞争，专门从事产品组装和边缘零部件生产等低端技术的生产环节，依然有丰厚的利润，至于以后的可持续发展，往往不是一届老总所能考虑的事情。

垂直分工会使发展中国家永远得不到一个完整的产业，得到的只是产业链中的低附加值部分。如果这样，中国汽车产业的升级将更加缓慢，甚至可能不会在自由竞争条件下发生，中国汽车产业的经济增长将不得不依赖于不断集中的劳动密集生产环节。这种贫困性增长的后果是，劳动者福利难以增加，本国资源、环境压力越来越大，同时，一国过于集中的产成品出口会成为贸易保护主义针对的目标，这在中国服装出口方面已经表现得淋漓尽致。要警惕这样一种假象：以为能加工生产IT产品，便是进入了高端产业。因为，即使是高技术产业生产加工，只要生产加工程序集中在高技术产品生产环节中的劳动密集型部分，就仍然处于产业链的低端。在垂直分工条件下，从本质上讲，一个在合资企业组装电脑的工人，与一个拿锄头种田的农民并无两样。

三、寻租

寻租是"为谋求财富转移的稀缺资源耗费，试图利用政治过程让企业集团获得超过他们机会成本的经济报酬"[31]。简单地说，寻租活动是指人类社会中非生产的追求经济利益的活动，或者说是指那种维护既得的经济利益或是对既得利益进行再分配的非生产性活动。现代社会中最常见的寻租活动，是利用行政、法律等手段来阻碍生产要素在不同产业之间自由流动、自由竞争，以维护和攫取既得利益，使政府决策和运作受利益集团或个人的摆布。[115]

转轨经济过程中，计划经济与市场经济并存的状态为利用行政垄断、政府庇荫牟取私利的寻租活动以及其他形式的腐败行为提供了广泛的基础。这是因为，在建设有中国特色的社会主义市场经济的改革战略下，经济在很大程度上货币化了，改革使独立企业得以建立，然而在计划经济条件下居于统治地位的行政权力仍然干预市场交易，政府仍然掌握相当大部分的资源，如生产资料、投资和信贷资源，用行政方法加以分配，政府机构过多参与经济经营，这样就把整个经济变成寻租活动的巨大温床。这在电信、移动通信、电力、石油等垄断产业尤为严重，因为这些产业不但拥有开放了的市场，而且一直处于中国政府的严格控制之下，政府对市场进入大权在握，受庇荫企业的在位优势明显。

中国汽车产业发展的历史，从某种意义上来讲，就是限制与反限制的发展史。中国的汽车产业实行以目录、公告等为管制手段的牌照化经营，这虽然从表面上限制了汽车产业的无序经营，但在缺乏公平竞争的环境中，进入限制是利益集团进行寻租的得力工具。而受庇荫企业由于享有垄断资源，它们的存在和发展在一定程度上得益于垄断租金。

政府庇荫实际上为受庇荫企业和个人进行寻租活动披上了一层貌似合理、似是而非的外衣。受庇荫企业的寻租活动及其危害主要表现在：

第一，利益集团为捞取租金而置国家利益于不顾。从1978年改革开放至今，在重重管制之下，中国的汽车产业可以说是一个官方垄断的市场，这种管制的后果是增加了进行寻租的便利，从而有利于进行寻租的利益集团。在汽车产业中，利益集团捞取租金的方式一般有两种，一是政府生产许可权，获得许可的单位或个人能够凭借其垄断地位寻到租金，限制国内的民营、地方企业的发展，只让"三大三小"汽车厂发展，这本身就是不合理的垄断行为，再加上外资的进入，合资企业从自身利益最大化出发，放弃或置自主品牌于不理，这样，以外资为主导的合资企业便不断赚取中国汽车产业市场的垄断利润。① 在政府管制之下，受庇荫企业仅凭壳源便能产生利润，比如，目录可以买卖（奇瑞买过目录），具有小轿车生产资格的企业可以卖壳（吉利和比亚迪买过壳）。二是在过程管理中获得政府的进口关税减免与进出口配额。政府的关税政策与进出口配额政策主要是为了保护民族产业的发展，但当国内市场被少数几家企业垄断时，这些企业就没有很强的动力去改进技术、提高产品质量，因为庞大的市场需求和潜在竞争者的缺席令市场成为卖方市场，这时关税政策就成为寻租活动的保护伞；当某些产品国内十分畅销，而一些关键的部件或原材料需要进口时，得到进口配额许可的厂家就有机会获得高额利润，从而引起寻租活动，这种通过进口配额许可进行的寻租直接导致 KD 造车成为合资企业的首选战略。中国汽车产业似乎正在重走一条新型的资本集中道路，只不过这种新型资本集中的方式穿上了全球化的外衣：外国资本与内部资本联合起来共同赚取中国汽车市场的垄断利润。要注意这样一种现象：某些利益集团一方面利用政府庇荫来寻求自身利益的最大化，损害公众利益，另一方面，有的利益集团可能还拥有不正当的政治权势和特殊地位，给人们造成一种假象，似乎它们是在为国家、集体谋福利，公众则因为信息不完全而无法识别这种欺骗行为，某些利益集团还利用各种手段影响政府的行为，从而使政府做出不利于国家和公众的决策。面对这种情况，一定要保持一份清醒：缺乏民主法治保障、政府庇荫浓厚的经济发展不可能实现共同富裕，最终只能导致公平与正义的丧失。

第二，政府庇荫下寻租活动侵袭国家行政机关、加剧行政腐败。对于政府部门的官员来说，实行计划分配和行政审批制度使他们握有对项目生杀予夺的权力，可以为他们带来难以计量的有形和无形的好处。保护在位者和限制新进入者的垄断对在位企业和政府部门都有好处，一个长期左右中国汽车产业政策的共同体由此而生。[80]事实上，政府主管部门领导人也有意或无意地为自身的"经济人"动机所驱动，每个政府部门或公共事业

① 根据美国高盛公司报告，德国大众 2003 年在全球的产量是 500 万辆，在中国销量占其全球产量的 14%，但这 14% 的产量所产生的利润却占德国大众的总利润的 80%。德国在中国的合资企业按股份比例（50% 对 50%）分配利润，此外，外方还有很多赚钱的手段，像技术转让费、零件销售费、设备费、设计费、论证费（把中国造出的零件拿到母公司化验，通过才能使用，这个验证需要缴费）等等，业内人士估计，合资企业收益的 80% 以上被外方拿走。2010 年，中国市场已经超过德国，成为德国大众全球最大的市场，每年的销量占德国大众全球销量的 1/4；大众每年约 1/4 的利润来自中国。

部门所遵循或制定的政策，通常都是由该部门领导人根据自己对共同利益的理解来决定，具有相当大的自由度和灵活性，他们对公共利益的理解常常难以真正符合公共利益的要求，也很难为最大限度地增进共同利益而服务。另外，在利益集团普遍存在的中国，政府对汽车产业实施的干预政策的强硬性在各种高超的手腕下可以随意变通。即使中国的汽车产业政策有不科学、不完善的地方，但自主品牌的缺失也不至于落到今日的地步，问题的关键是合资之路带来的高额利润让受庇荫企业初尝垄断的甜头，因此缺乏技术革新的动力。以受庇荫企业和主管部门为主体的共同体迅速形成，令产业政策对此无能为力，体制或政策的运转没有起到应有的作用，而是变得只有利于某些特殊利益集团。

第四节　自主品牌之路

关于中国汽车产业自主品牌的发展路径，首先要摒弃"市场换技术"的指导思想，承认落后，通过建立公平高效的政府、充分竞争的市场，彻底清除政府庇荫，让各种资产构成的汽车生产企业公平竞争，从客观存在的自主品牌低端状态起步，让市场竞争压力转化为产业升级的可靠动力，通过十至数十年的努力最终走上自主品牌的健康之路。

一、市场换不来先进技术

"市场换技术"的初衷是希望出让中国汽车市场吸引外国投资者来合资办厂，并以此为窗户，让外国投资者能够向合资企业输出技术，然后再通过合资企业实现汽车零部件"国产化"而吸收先进技术，从而实现自主品牌汽车的生产。该产业政策实施了30年，实践证明此路不通。

1. 市场换不来先进技术

关于这一点西方国际投资理论已经作出了解释：①雷蒙德·弗农把制造业的技术发展及产品周期分为三个阶段：在"创新"阶段，企业采取国内生产、出口贸易的形式；在"成熟"阶段，生产技术扩散到国外竞争者手中，仿制品出现，竞争的重点转向生产成本，创新企业为降低生产成本，会到与本国需求类型相接近的国家投资设厂；进入"标准化"阶段以后，创新企业的垄断优势消失，价格成了竞争的唯一基础，创新国家的企业把产品的生产（或装配）转移到劳动成本低的发展中国家，从国外进口该产品。[116]②小岛清的边际部门转移理论认为，投资国的对外投资应从处于或即将处于比较劣势的边际部门依次进行。这里的边际部门不仅指各个部门，还包括企业、生产环节和边际技术（即发达国家正在淘汰的次新技术）。发达国家采取的投资战略往往是把使用边际技术的企业和生产环节向发展中国家转移，而把采用新技术的企业和生产环节保留在国内，这样的梯次转移既可以获取多次技术转让费，又让东道国与母国始终保持技术差距。[117]小岛清的边际部门转移理论同时也解释了国际投资中发达国家与发展中国家之间的垂直分工和部门内贸易。③海默指出，市场的不完全性造成了少数企业拥有垄断优势，这些企业到国外去直接投资的主要原因是它们具有特定优势，正是这些垄断优势的存在，使得部分企业可以跨越国界进行投资，并力图借此优势牟取更大的利润。[118]④英国学者巴克利和卡森认为，技术和知识具有整体、专用、共享等特征，对拥有它们的企业来说，既难以分割让渡，又要严格保密，基于这一观点，他们从科斯的交易理论出发，认为技术和知识通过市场进行转让费用过高，容易造成市场失效，而内部化成本则较低，因此，采取直接投资使新技术的交易内部化是跨国公司新技术转移的首选投资方式。[119]

一般来说，跨国公司对投资国的技术转移存在边际部门转移和高新技术转移两种模式，第一种模式转移的是次新技术，并非是东道国所期待的新技术或核心技术，在第二种模式中，跨国公司则通过独资保持着对企业的控制，东道国企业参与度很低，往往是望梅止渴。可见，技术的持有方在很多情况下只转让技术的使用权，而对于技术的核心部分会采用加密手段加以保密，或者使用专利制度对核心技术的所有权加以保护。来华投资的汽车合资企业的外方始终没有放弃对核心技术的保密，合资企业中方母公司通过引进获得的技术根本就不能够直接成为企业发展所依赖的核心技术。此外，技术溢出也不是外国公司进入的必然结果，技术溢出的效果受东道国的技术经济发展水平、企业技术水平和技术吸收能力，以及跨国公司和东道国具体的条件和政策的影响。中国企业的一个突出的特点是只重视引进技术，忽视对引进技术的消化吸收，这也是企业自身技术水平增长缓慢的原因。本来引进的技术就不很先进，再加上消化吸收不及时，几年后，当这些技术与设备相对于更先进的技术又落后时，只得再次引进国外技术与设备，这就陷入了落后、引进、再落后、再引进的恶性循环。此外，自主品牌建设属于整车开发，涉及产品策划、产品的设计与开发、过程的设计与开发、产品和过程的确定、销售与服务五大方面（参看图

6-4)，"市场换技术"即使有效，它能换来的也只是其中一个环节（产品和过程的确定）的技术。

2. 受庇荫企业缺乏技术学习的激励

作为"市场换技术"政策实施主体的受庇荫企业缺乏企业家精神，在实际落实国家产业政策时迷失方向，变得急功近利，令 KD 生产成风，因此，即便是市场换来的非先进技术也扩散得非常缓慢。世界汽车发展史表明，KD 生产先易后难，可以说是后进国家发展本国汽车产业的必由之路①，但是，它又是一把双刃剑，通过 KD 方式发展汽车产业的国家，有成功的经验也有沉痛的教训。日本的 KD 生产是成功的例子，1925 年和 1927 年，美国的福特和通用公司分别在横滨和大阪开设装配 CKD 的工厂，这些 CKD 装配厂的建立，对促进日本汽车产业的技术进步和零部件产业的发展起到了积极的作用，为日本汽车产业从国外引进技术并迅速赶上欧美发达国家赢得了时间。相反，中国汽车产业的 KD 方式，则有令受庇荫企业自我退化、主动滑向产业链低端的危险。以上海大众桑塔纳轿车为例，上海大众汽车有限公司于 1984 年 10 月签约，1985 年 9 月正式投产，它是中国第一家用 CKD 方式生产轿车的企业，但是众所周知，桑塔纳轿车近十年没有更新换代，并且在最初投产的几年内供不应求，这是由于政府庇荫而造成的汽车产品价格偏高，这种条件为用 CKD 方式装配整车的合资企业带来丰厚的利润，这种由消费者那里转移过来的超额利润从经济上为 CKD 装配企业减轻了提高国产化率和产品更新换代的压力，更谈不上技术开发和创新了。在这种情况下，CKD 方式实际上由一种综合的贸易方式退化为纯粹的贸易方式，CKD 装配企业和外国企业一起赚国内消费者的钱。

3. 跨国生产体系的角色定位

市场一旦开放，用于换技术的筹码——"市场"就会失去讨价还价的能力。根据 WTO 相关协议，过渡期后，不得规定国产化比例，进口与出口不得挂钩，不得限制进口部件总成装车，不得以外汇平衡为理由限制进口等，政府长期实行的合资项目审批、控制新建汽车项目、禁止外商独资以及对外商合资数量和持股比例的限制，也面临巨大的挑战。在全球化的

---

① KD 生产方式最早可以追溯到 20 世纪初期美国福特公司在南美几个国家开设汽车装配工厂，如 1916 年在阿根廷、1924 年在智利、1925 年在巴西以及 1926 年在墨西哥。

浪潮中，世界汽车产业成为受温特尔主义①模式强烈主导的产业，温特尔主义极大地促进了水平分工和跨国生产体系的形成，又极大地改变了物流业务，催化了全球供应链管理的出现，它打破了传统的福特主义生产方式垂直一体化结构，整车企业能够在全球范围内实现零部件的竞争性采购，国际汽车产业的垂直分工形式日渐盛行。从事汽车零部件生产的跨国公司，从 1988 年的 0 家猛增到 1998 年的 240 家，零部件产业中的劳动密集型产业向低工资成本国家和地区大量转移，并与欧、美、日的零部件跨国公司形成层级供应关系。中国的成本优势和市场优势在温特尔主义模式下突显出来，在世界汽车产业采用温特尔主义模式进行重组的过程中，随着国际汽车巨头采用模块化和外包化生产方式的发展，以及跨国汽车零部件生产商对中国投资的增加，把中国汽车产业锁定在汽车加工厂的角色，让其继续发挥低廉的劳动力优势（所谓的比较优势），显然是汽车跨国公司的愿望。事实上，中国汽车产业既失去市场又被锁定在产业链低端的后果已见端倪。

二、公平高效的政府、充分竞争的市场

转轨经济过程在多种经济成分并存的情况下，政策扶持容易掉入扶持国有企业而非扶持目标行为的陷阱，从对事的扶持滑向对人、对企业的扶持，从而使政策扶持转化为政府庇荫，促成这种转化的原因有三：一是政府部门、企业和个人对政策扶持的曲解与滥用，用通俗的话来说，就是"歪嘴和尚念歪了经"，政策扶持为政府俘获提供了便利和借口；二是政府使用"有形之手"进行政策扶持时，缺乏清晰的角色界定和行之有效的监控、调整手段，使得对企业的政策扶持从"扶上马，送一程"的短期行为变成"长相守，勿相违"的常态；三是双轨制、政企关系、多种经济成分的现实国情为"嫡系"企业政府庇荫的萌芽、成长提供了土壤，计划经济的权力与商品经济的市场造就了政府庇荫这一怪胎。

---

① 1913 年，福特把"泰罗制"嫁接到轿车生产流水生产线上，开创了现代企业的大规模生产方式，这就是福特主义，在福特主义生产模式推动下，美国取代英国成为"世界工厂"，20 世纪 60 年代，丰田公司将福特主义与日本文化有机结合形成丰田生产方式（弹性生产），20 世纪 80 年代微软和英特尔在相互竞争和合作中创造出了新的生产模式——温特尔主义（Wintelism），在这个过程中，微软和英特尔实质上制定并控制市场的产品、生产标准，不断推动产品和产业快速升级。

1. 政府规模选择的效能原则

政府规模的选择有其客观规律，经济学有一个简单的理论模型来解释政府规模选择的效能原则（如图6－5）。[83] 图中左纵轴代表边际政府交易成本，即该项交易由政府执行时所额外增加的成本，右纵轴代表边际市场交易成本；横轴表示所有交易活动，从左至右，表明由政府执行时成本渐增的交易（逐渐趋向政府失灵的某些交易），反之，从右至左则表明由市场执行时成本渐增的交易（逐渐趋向市场失灵的某些交易）。M点为政府和市场分界点，向右表示边际政府交易成本大于边际市场交易成本，则该项交易应由市场执行。在这个模型中，政府规模选择的位置应落在带来的成本最小和收益最大的那一点，也就是边际政府交易成本和边际市场交易成本相等的M点，因此最优政府规模为O_1M。

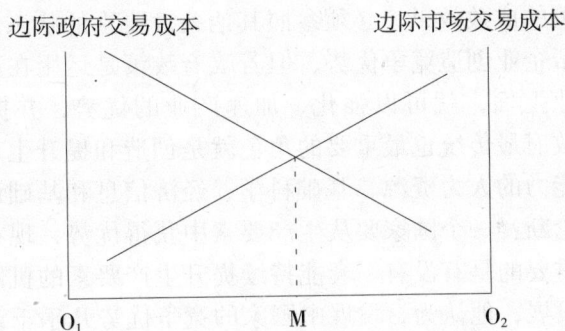

图6－5　政府和市场互替性交易模型

在转轨经济过程中，产业政策制定者往往沿用计划经济的思路，有意无意地夸大政府干预经济的作用。从这个模型中可以看出，在汽车产业的管理上，政府规模超过了O_1M，政府庇荫事实上给昔日计划经济下长大的大型国有汽车企业披上了一件社会主义市场经济的外衣，政府对某一产业或某些企业的庇荫也并非如它所愿能够增进社会福利，相反，过分或不恰当的政府庇荫会增加交易成本，造成社会总福利的损失。在本书中已经在汽车产业方面对此进行了实证，自主品牌的缺失，损害的是中国汽车产业现在和将来的市场以及产业自身的可持续发展。

2. 国家竞争优势视角下的政府角色

本书论证了政府庇荫与自主品牌缺失之间的关系，实际上从侧面说明政府在过去30多年的汽车产业政策存在问题，至少在汽车自主品牌建设方面存在问题。中国汽车产业自主品牌问题，实质是汽车产业能否升级、能否具有国际竞争力的问题。政府在提升一个国家的产业竞争力的过程中应该起何作用，一直是一个热门话题。了解国家在国际竞争中的角色，对企业和政府部门都有益处。

虽然对政府在一国产业升级方面所起的作用众说纷纭，但是，迈克尔·波特在《国家竞争优势》一书中有系统而深刻的认识。波特认为，在提升企业或产业国际竞争力上，有些国家所提供的环境似乎比其他国家更能够刺激产业进步和升级，国家环境在产业进步和升级过程中确实扮演了关键角色。但是，他接着指出，政府政策的影响力固然可观，但也有它的局限，产业创造竞争优势的过程中，政府的角色是正面还是负面，要看它对钻石体系①的影响，其意义要根据它在公共政策方面的表现予以观察，因此，政府政策的成败效果，必须参照其他关键要素的状态加以考虑。政府本身并不能帮企业创造竞争优势，但若政府政策是运用在已经具备相关关键要素的产业上面，就可以强化、加速产业的优势，并提高厂商的信心。波特认为政府最传统也最重要的角色就是创造和提升生产要素，这里包括熟练技术能力的人力资源、基础科学、经济信息和基础设施等，由此他提出了重要论断：一个国家要从生产要素中获得优势，现在拥有什么资源并不重要，重要的是有没有一套能持续提升生产要素的机制。关于发展中国家的经济发展，他认为，发展中国家的竞争优势几乎千篇一律地依赖天然资源、廉价劳工、地方特色和零碎而脆弱的出口导向产业，由于这些产业对价格非常敏感，国家对汇率和生产成本变动的应变能力也很脆弱，所以当它们遇到发达国家的保护政策时就一筹莫展，而当需求更为精致化而资源无法适应经济发展时，这些产业就会停滞不前。他对发展中国家开出的处方是：必须让国家钻石体系的四个关键要素同时跨过门槛，而在高级产业中竞争，亦即要建立脱离生产要素导向的国家竞争优势。此外，波特指出，国家竞争优势的关键要素并不适合计划经济，原因主要有两个：第一，计划经济下的经济体系缺乏市场竞争，缺乏竞争会造成相关产业间无法互动，产业界也缺少流畅的信息和发展的雄心；第二，计划经济缺少

---

①　又称钻石模型，用生产要素、需求条件、相关与支持性产业、企业战略（含企业结构和同业竞争）、政府、机会等6个维度来分析国家或地区的全球性竞争地位，6大因素相互影响、彼此制衡，用连线方式把分置6个角的因素两两连接，形似钻石。

钻石体系的基本条件，它的创造专业性生产要素的功能也不足，限制了客户面对精致型需求的压力。因此，波特着重指出，计划经济下的产业如要进步，经济结构的翻修是势在必行。

3. 公平高效的政府

对受庇荫企业而言，政府庇荫是一种垄断资源，受庇荫企业垄断地位的形成，主要从三个途径来实现：一是原来计划经济遗留下来的所谓"条条垄断"，它表现为大量部门性集团公司的形成，像一汽、二汽等；二是地方经济"块块封割"不断壮大造成的，它表现为地方政府直接经营或强力支持地方企业，像广汽和原来的天汽等；三是受计划思维模式的影响，希望超越市场竞争的筛选过程，由政府指定某些企业为培养对象，集中国家资源、政策优惠，通过强有力的干预和重点扶持，培养出一批能与国外企业抗衡的大型企业。在一个政府庇荫浓厚、条块垄断明显的垄断竞争经济中，市场效率会受到明显的影响。这是因为：第一，政府庇荫不仅扭曲市场需求，而且扭曲成本和价格，使受庇荫企业产品即使质量较低、成本比国际水平高，仍有利可图，从而抑制了企业管理创新、技术创新的欲望，致使受庇荫企业不重视通过市场进行合理经营以提高自我生产能力，并且充满惰性和对政府庇荫的依赖性；第二，受庇荫企业往往通过政经结合，实行无所顾忌的扩张，形成特殊形态的企业集团财阀，形成垄断和限制市场竞争的发育，阻碍民营或其他资本构成的中小企业的发展；第三，受庇荫企业造成的高成本、低效率最终转嫁给其他企业和消费者，提高了社会总成本，浪费了社会资源，最终削弱了企业和国家的竞争力。因此，一个市场是否有效率，不仅要看单个市场主体行为的效率如何，更要看所有市场参与者行为之间协调的效率如何，而协调的有效性依赖于市场竞争的完全性。如果政府既当运动员（以受庇荫企业为代表），又当裁判员（以政府职能管理部门为代表），那么市场竞争的公平、公正就值得质疑。

4. 充分竞争的市场

实践证明，市场竞争对企业的成长有着无可替代的作用，真正的优强企业只能在竞争中产生。市场竞争是优强企业成长的必经之路，因为：①市场竞争具有发现和筛选作用。有竞争的市场给各个企业的机会是平等的（而不是把民营企业排斥在汽车产业之外），至于哪家能成长为优强企业受多重因素影响，也不是靠政府庇荫就能做到的，只有经过市场无情筛选脱颖而出的企业，才有希望成为优强企业。像美国 1908 年全国有 253 家汽车生产厂家，1920 年减少到 108 家，1926 年只剩下 44 家，而且80%的汽车由福特、通用、克莱斯勒三大汽车公司生产。[40] 这就是一个大浪淘沙的筛选过程，百年老店亦由此产生。②市场竞争具有培养企业竞争力的作用。由日本最著名的经济学者共同完成的重要课题成果《日本产业政策研究》一书在其总结性的"终章"中郑重声明："参与本合作课题研究的全体人员都认为，除了战后初期有限的短时期外，支持高速增长的因素基本上是通过竞争的价格机制和旺盛的企业家精神。"[42] 市场是个大学校，竞争会激发人的聪明才智和企业家精神，企业的竞争力在市场竞争的磨炼中产生、在政府庇荫中丧失。

竞争是一个优胜劣汰的筛选过程，只有经过一系列争胜竞争过程筛选出来的产品和企业，才是真正的胜利者。政府庇荫代替市场筛选机制，导致被选择的企业失去依靠市场过程满足消费者需求和获得产品知识的动力，失去追求以较低成本实现消费者偏好的创新激励，最终结果是整个市场失去甄别、发现、利用和创造新知识的动力，进而失去动态竞争的市场效率。[15] 此外，政府庇荫造成的市场竞争缺位阻碍了技术创新。政府对胜者的主观选择会促使大多数企业选择以政府为主导的关系战略，将内部资源主要用于建立和保持良好的政企关系，无视或无力顾及研发费用的投入和创新人才的培养，从而导致大部分企业技术创新能力薄弱、自主品牌产品水平低下。反过来，由于市场竞争不足和市场规则缺失导致的企业技术创新缺乏和竞争能力低下，进一步加剧在位企业对政府庇荫的依赖，从而使受庇荫企业走入一个饮鸩止渴的恶性循环。与此相反，像比亚迪、吉利等体制外的"草根"企业反而走上一条不受扶持—参与竞争—自我努力—技术创新—自主品牌—产品出口的良性循环发展之路。

转轨经济的目标是建立有中国特色的社会主义市场经济。而现代市场经济的建立，有赖于公平原则的实施。现代市场经济的公平原则主要包括：第一，参与市场活动者的地位均等，各个主体的权利和义务对称，不存在一方对另一方的歧视；第二，竞争机会均等，特别是在市场准入的资格认证上不应有各种形式的准入歧视，公平的市场是一个让所有市场参与者都能充分发挥个人潜力的公平竞争的市场。机会均等、公平竞争是现代市场经济公平原则的核心。当然，从市场运行有效性的角度看，公平不是目的，而是实现高效率的手段。从自主品牌建设的角度来衡量，中国汽车产业是一个既不公平又低效率的产业，因为它缺乏市场竞争，更不要说公平竞争了。

5. 产业政策建议

在经济转轨过程中，政府使用"有形之手"弥补市场失灵进行政策扶持仍有其必要性，但是，政策扶持转化政府庇荫所带来的各种危害不容忽视。为此，提出如下产业政策建议：

一是政府要强化"守夜人"角色，创建公平的政治、法律、经济环境，慎用政策扶持。这是因为：第一，政府扶持与公平原则相悖，很难做到对民企与国企一视同仁、公平对待，而现代市场经济的建立，离不开公平原则的实施；第二，对国企的政策扶持往往导致企业与行政的寻租活动，历史与现实给予了足够的例证；第三，引入竞争是对产业发展最好的扶持，像吉利、比亚迪等民营汽车企业在自主品牌方面的卓越表现，对受政府扶持的、具有在位优势的国企已经形成倒逼压力。因此，建议从审批制过渡到核准（备案）制，因为审批制是政府庇荫最直接的来源，它强化了政府的权力，降低了市场筛选的效率，也导致了大量的寻租行为，而实行核准（备案）制，才有可能保证各种资产性质企业在法制框架下，从生产要素的使用到所受到的法律保护，都能够机会均等，公平竞争，从而提高资源、市场、企业效率。

二是政府要明确主管部门进行政策扶持的政治动机，强化政策扶持的实施、监控、调整手段，逐步形成扶持、成长、独立三个环节的工作流程。具体而言，第一，扶持对象的选择原则应该是"对事不对人"，基于产业健康发展之目标为各种资产性质企业提供普照之光，"有扶无类"，无论是国有企业、地方企业还是民营企业，只要其行为与结果符合国家产业发展目标，都能得到产业政策的倾斜与扶持，而不是对特殊企业进行庇荫，进而诱发主管部门的设租、创租与寻租行为以及企业的政府俘获行为；第二，虽然在企业的扶持成长过程中，具体政策工具的有效选择与使用是一个值得深入探讨的课题，但是在总体原则上，建议通过间接引导型支持政策，形成足够的利益诱导与激励机制，奖励符合产业发展目标的企业行为，引导企业眼光向外、向前，而不是致力于政府庇荫与政府俘获；第三，政策制定者对企业的政策扶持必须要有明确的目标与时间期限，既要有对设租、创租的警惕，更要有及时"断奶"的气魄与眼光，虽然何时结束政策扶持没有统一的标准，但是从中国家电产业的发展历史看，当政策的进入壁垒作用高于其他壁垒时，就是一个结束政策扶持时机。

三是鼓励、加强"国退民进"进程。国有企业的领导人并非真正的企业家，在中国轿车产业，由于长期不允许民营汽车企业存在，所以企业家和企业家精神也就很难成长，因此，让吉利、比亚迪这样的企业与国企处于同一起跑线上，对私有产权进行保护，便是对企业家才能这种稀有资源的重视。"国退民进"一个更现实的作用是，民营地方企业的存在有利于技术扩散，近30年的合资实践已经证明，正是因为有了体制外汽车企业的存在，才为"市场换技术"政策所换来的技术提供了扩散的途径。

四是基于产业现状，把政策扶持的宏观目标分解、量化，并转化为受庇荫企业老总的政绩评价指标。由于缺乏市场压力和内在激励，国有企业一直对自主品牌积极性不高，但是在中国情境下，只要上级主管部门把企业自主品牌产品比重作为评价国有企业老总工作成效特别是职务升迁的主要指标，相信国有企业创造自主品牌的能力将会有很大的提高。

三、自主品牌：产业升级的可靠路径

产业升级是指提高一个国家或企业转向利润更高或技术更复杂的资本和技能密集型经济利基能力的过程。[120]在经济全球化时代，基于中国汽车产业发展的现实，脱离全球价值链[121]①孤立地研究中国汽车产业的升级问题，将会是一种理论上的"闭门造车"[122]，对于中国汽车产业要不要发展自主品牌、如何发展自主品牌的探索，应该纳入全球价值链视角下中国汽车产业升级路径选择的范畴。

1. 基于中国轿车产业现实的分析

为考察、比较以嵌入全球价值链为主的合资模式[123]②和以构建完整全球价值链为主的自主品牌模式③这两种中国汽车企业升级路径的可靠性，

---

　　① 全球价值链是指为实现商品或服务价值而连接生产、销售、回收处理等过程的全球性跨企业网络组织，涉及从原料采购和运输、半成品和成品的生产和分销，直至最终消费和回收处理的整个过程。全球价值链理论表明，一条价值链上众多的价值环节中并不是每个环节都创造等量价值，只有某些特定的价值环节才能创造更高的附加值，这些高附加值的价值环节一般就是全球价值链上的战略环节。

　　② 合资模式：国有汽车企业集团通过和跨国汽车公司成立中外合资企业，嵌入跨国汽车公司领导的全球价值链中的生产环节，希望利用外国直接投资，引进先进技术和产品，按照"引进—消化吸收—创新"的路径在国有汽车企业集团内部产生技术外溢效应和学习效应，逐步实现产业升级。

　　③ 自主品牌模式：国内一批新兴的汽车企业，坚持自主创新，树立自主品牌，在模仿的基础上，整合全球资源，进行联合开发和"干中学"，利用自主研发平台使技术知识和经验成为组织内生的技术能力，通过构建由自己领导的全球价值链，占领价值链中附加值最高的战略环节（如技术研发和自主品牌），实现产业升级。

下面以片断化与低度化程度、自主权程度、"干中学"效果、创新能力、响应社会期望五个维度进行讨论。

（1）片断化与低度化程度。片断化与低度化是相辅相成的，片断化是低度化的前提。合资模式本身就是以"片断"嵌入全球价值链，这种方式容易出现由于过于依靠静态比较优势而在产业升级过程中沿价值链低度化的现象，即名义高度化较快，而实际高度化不足，这种产业结构的低度化体现在两方面：一是结构低度化，这是对原材料的高消耗所导致的结构低度化，这实际上是一种粗放式增长；二是价值链中生产经营环节的低度化，这是依赖外资，令研究开发和营销、品牌等高附加价值生产环节非常薄弱所导致的低度化。中国汽车产业自主品牌缺失，正是中国汽车产业沿价值链低度化的集中表现。自主品牌模式拥有自己的全球价值链，它没有被"片断化"，但是和跨国汽车公司所主导的全球价值链在对应环节上相比，它在相当程度上是低度的。片断化容易造成一种误会，以为能加工生产奔驰、宝马轿车，便是进入了高端产业。其实，即使是高技术产业生产加工，只要生产加工程序集中在高技术产品生产环节中的劳动密集型部分，就是处于产业链的低端。

（2）自主权程度。自主权指对全球价值链的某些环节或所有环节拥有决策权和所有权。自主权程度在相当程度上表现为企业拥有汽车自主品牌的程度，因此自主权程度可用自主品牌密度来表示，表6-5反映出两种模式在自主权上具有不同等量级的差异。跨国汽车公司为保持其垄断地位和竞争优势，把研究开发的重点放在母国或其他发达国家，绝对不可能在合资企业所在国进行研究开发方面的重复投资，即使在合资企业内，它们也控制汽车产业的生产技术、设备和经营管理方法。考察合资企业及其中方母公司，不难发现它们由于技术的自主权逐渐丧失，而逐渐演变为对整条全球价值链发言权的丧失。整车开发涉及产品策划、产品的设计与开发、过程的设计与开发、产品和过程的确定、销售与服务五个方面，形成一条完整的链条。"市场换技术"即使有效，它能换来的也只是其中一个环节的技术，即使在某一环节拥有自主权，这种自主权也是"片断"的、支离破碎的。自主品牌模式企业不会像合资企业那样受到跨国汽车公司的制衡和阻碍，它们拥有技术开发的主导权和自主品牌，与合资模式企业相比，自主品牌模式企业更能有效利用国际资源，它们实现了真正的全球采购、全球人员招聘和全球布局。[124]尽管这种全球化从规模到内涵与跨国汽车公司无法相提并论，但它毕竟已具雏形。事实说明，企业家以一揽子要素配置优化为特征的创新，可在真实世界的市场中获取超额利润[125]，而要做到一揽子要素的优化配置，没有自主权很难实现。

（3）"干中学"效果。如前所述，跨国公司采取的投资战略往往是把使用正在淘汰的次新技术的企业和生产环节向发展中国家转移，而把采用新技术的企业和生产环节保留在国内，这样的梯次转移既可以获取多次技术转让费，又可让东道国与母国始终保持技术差距。因此，合资模式企业并不能从跨国汽车公司学到最新、最核心的技术，尽管如此，次新技术的学习也不尽如人意。虽然跨国汽车公司的技术知识和经验在合资企业中扩散，合资企业中的技术人员也学习掌握了部分先进的技术知识和经验，但是在缺少独立研发平台的情况下，个人的技术知识和经验并不能转化为完整的技术能力，因此合资企业内部的技术能力也是片断化的，而且，合资企业中的技术知识和经验并不能主动地向国有汽车企业集团扩散，这种扩散过程需要国有汽车企业集团的主动学习，但是国有汽车企业集团内部的核心刚性阻碍了主动学习和技术扩散。[126]相比之下，自主品牌模式则不存在核心刚性的阻碍，由于其拥有自主研发平台，本土设计人员在参与国际合作设计中积极学习，通过市场的反馈，不断在自主平台上改进设计，这种联合开发和"干中学"使本土研发人员的技术知识、经验不断积累，使技术能力成为组织内生，阻止了片断化现象的发生。

（4）创新能力。创新能力一直是合资模式的软肋，这是因为：第一，合资企业中跨国汽车公司不但控制着技术主导权，而且为了防止技术扩散，往往对技术进行分级，由跨国汽车公司研发总部负责整车开发和核心零部件设计，而合资企业的技术部门仅负责本土适应性改进设计；第二，发展中国家即使注意在技术引进中的"干中学"，但是发展中国家并没有随着技术引进而迅速建立起与先进技术相匹配的市场和制度环境，从而使得发展中国家即使拥有了技术，也无法拥有真正推动经济进步的技术创新力量。可见，合资模式企业即使想创新，也缺乏制度、环境的支持。而自主品牌模式企业却表现出良好的创新能力，由于拥有产品策划、产品的设计与开发、过程的设计与开发、产品和过程的确定、销售与服务的完整链条，它所表现出来的创新能力是完整、齐头并进的，而非片面、片断的。像奇瑞汽车公司一开始就形成了从规划设计到工程研发实施的整套自主创新体系，其超常规的发展速度也反映出自主品牌模式强大的生命力。

（5）响应社会期望。在响应社会期望方面，合资模式从它诞生的那一天起，就不断受到批评和抨击。这是因为：首先，造出具有自主知识产权、自主品牌的好车是所有中国人的梦想，艰难岁月里两弹一星的成就提高了国人对中国汽车产业自主品牌的预期；其次，作为"市场换技术"政策实施主体的合资企业的中方经理及其母公司负责人缺乏企业家精神，令CKD方式由一种学习方式退化为盈利方式，CKD装配企业和跨国汽车公司一起赚取国内消费者的钱，令广大消费者对它们既爱又恨。而自主品牌模式在响应社会期望方面具有天然的优势。自主品牌模式企业多是草根出身，刚开始时并不引人关注，但是其发展却逐渐受到国人的欢迎和支持，近几年国家主要领导人频频考察自主品牌模式企业，亦是在某种程度上体现了民意。

2. 基于国际经验的分析

关于日本、韩国模式的成功经验与"拉美化"的教训，有较多文献论述。日、韩等国汽车产业都是以KD、CKD起步，KD、CKD对促进两国汽车产业的技术进步和零部件产业的发展起到了积极的作用。两国KD、CKD造车的时间约为10年，其后日本政府和汽车产业抵制如美国福特、通用等的MMC，保护本国汽车产业，并严格禁止外国资本渗透国产汽车产业[41]，而韩国政府则实行"汽车国产化"政策，实施出口导向战略。[127]支持日、韩汽车产业高速增长的因素基本上是旺盛的企业家精神和通过竞争的价格机制。

"巴西道路"与日韩模式形成鲜明的对比。20世纪八九十年代，巴西、阿根廷等拉美国家走了一条"外资主导型"的开放道路，依靠大量廉价劳动力和开放国内市场等比较优势吸引大量西方发达国家资本，拉动本国经济发展。虽然外资的进入确实令拉美国家的GDP在短时间内高速增长，但是当跨国公司把投资从拉美抽出转向其他劳动力更为低廉的国家后，这些拉美国家迅速出现金融危机和经济衰退，形成"拉美化"现象。

如果仅从比较优势和短期绩效而言，"巴西道路"显然要比日韩模式优越，也正因如此，关于中国汽车产业是走"巴西道路"（合资模式）还是"日韩模式"（自主品牌模式）的争论历时多年。回顾国际经验，至少为我们提供了如下启示：

首先，"拉美化"证明外资输入并没有带来东道国所期望的技术溢出效应，对东道国的技术自主开发能力帮助极其微弱，并且，外资虽然暂时促进了当地的经济发展，但掌握着经济命脉的国际垄断资本每年都要把大量的利润带回母国，造成了经济剩余的大量转移，外资的到来往往伴随"增长而不发展"现象。

其次，日本汽车产业的后来居上提供了正面的例子。按照比较优势的理论，也许日本的合理选择是那些劳动密集型产业，但通产省决定在日本建立要求密集地使用资本和技术的产业，亦即那些从生产比较成本考虑最不适合日本的产业，如钢铁、汽车、电子等。从短期的静止的观点来看，鼓励建立这类产业似乎同经济上的合理性冲突，但是，从长期观点看，收入对需求弹性高的、技术进步迅速的、劳动生产率提高快的正是这些产业。事实证明，日本的这种产业政策是"破格成功"。合资模式显然符合中国劳动力廉价的国情，但是，如何"破格成功"，不被锁定，日韩模式提供了良好的指引。

最后，比较日韩模式和巴西道路，可以看到，垂直分工令合资模式只能得到产业链中的低附加值部分，沦为外国企业的附庸，一国经济增长更加依赖劳动密集生产环节。从这个角度审视中国汽车产业现状，政府有理由对自主品牌模式企业呵护有加。

3. 基于家电产业和轿车产业的分析

从表 5-3 可以看出，轿车产业的自主品牌产品密度仅为 0.560，家电产业的自主品牌产品密度为 1，而且，家电产业无论是从市场份额、出口情况、品牌优势、国际竞争力、产业升级和社会赞誉等方面都要比轿车产业高一个档次。

这是因为，虽然 20 世纪 80 年代两个产业都实行了合资模式，但是家电产业受政府保护程度较低、时间较短，在激烈的市场竞争下，很快便转向自主品牌模式，在国内外竞争中，中国家电企业具有强烈的品牌意识，并把自主品牌作为必不可少的竞争利器，它们坚持打自己的品牌，注意品牌形象宣传，运用多种形式树立国际形象。这种品牌意识和积极进取的行为，使中国家电产品树立了国际形象，拓展了国际市场，也正是这种坚持自主品牌的志气和努力，使家电产业赢得国人的称赞。时至今日，部分中国家电企业已经通过 OEM 品牌战略建立起规模优势，在 ODM 技术开发和创新的基础上，以 OBM 输出自有品牌[①]，甚至通过并购关联企业或授权生产的方式发展海外的贴牌生产基地，走出一条成功的自主品牌模式道路。

4. 基于汽车产业发展趋势的分析

世界汽车产业的发展趋势是，全球性联合重组步伐加快，技术创新能

---

① OEM（Original Equipment Manufacturer）即原始设备制造商，ODM（Original Design Manufacturer）即原始设计制造商，OBM（Original Brand Manufacturer）即原始品牌制造商。

力成为竞争取胜的关键，采用平台战略、全球采购、模块化供货方式已成现实。

在一个发达的全球性市场经济条件下，模块化的兴起为合资模式向自主品牌模式转化提供了可能[128]，这是因为：第一，模块化的生产方式克服了大规模生产方式的缺陷，有助于提高产业竞争力；第二，模块化带来多重分散的选择价值，随着选择的增加，创新出现的机会也就随之增加；第三，汽车产业适合运用模块化的生产方式，随着创新的不断出现，产业结构会由于得到升级而变得更加合理。

模块化减弱技术的瓶颈作用，使技术落后企业提升汽车设计能力变得相对容易，同时，新技术特别是换代技术（如电动轿车）的应用使中国汽车产业更有机会缩小与跨国公司的差距。[129]但是即使如此，也要提倡自主品牌模式，这是因为，新技术与新产品有区别，对汽车产业来说，技术进步的一个重要特点是，新技术是被逐步应用到现有产品上去的，而不是建立一个全新的产品来替代原来的产品，具体而言，即使中国企业能够在新技术上同跨国公司站在同一条起跑线上，也必须提高其自身的设计、制造、销售、品牌的能力，亦即"集成能力"。嵌入全球价值链的性质决定了它不可能顺利地把跨国公司的核心技术转化为竞争力，跨国汽车公司的制约使国有汽车企业集团难以把它们的先进技术顺利转化为在中国市场上的竞争优势。相反，自主品牌模式由于拥有主动权，因而具备很多组织优势，因为拥有产品开发平台是进行技术集成的前提条件，"集成创新"的要义就是根据产品开发的需要选择技术[81]，没有产品开发就不可能进行"集成创新"或"开放创新"，甚至不可能进行任何意义上的创新。可见，在自主品牌模式中，一个企业通过产品开发实践掌握了产品开发能力，即使早期的水平较低，也可以不断在自己的产品开发平台上应用各种新技术，从而不断发展自己的技术能力，并推动全球价值链向高附加值区域迈进。

第七章

研究结论与研究局限

第一节　研究结论

提出"政府庇荫"这一崭新概念，探讨政策扶持如何转化为政府庇荫，并对政府庇荫与企业现状建立数量模型进行实证，这是本书最主要的创新。本研究表明，政府庇荫这一视角对分析企业行为具有良好的解释力，在政府及其官员与企业之间尚存在千丝万缕关系的具体国情下，政府庇荫可以成为一种新的研究模式，这对厘清政企分开、消除灰色地带、规避寻租具有积极意义。本书的创新点具体体现在：第一，视角不同，与以往讨论汽车自主品牌时把整个汽车产业作为研究对象的方法不同，本书针对中国轿车产业自主品牌的缺失，从企业战略因素上找原因；第二，提出政府庇荫这一概念，并对政府庇荫与产业现状建立数量模型，进行实证；第三，在实证基础上，对轿车自主品牌缺失的机理进行分析，在确认政府庇荫对自主品牌建设有负面作用的视角下，对如何发挥比较优势、如何看待民营企业、如何制定产业政策等问题进行有的放矢的讨论。主要研究结论有：

（1）通过对轿车产业的政府庇荫与自主品牌缺失的关系进行实证，证实企业政府庇荫度 X 与企业现期自主品牌产品密度 Y_1 存在显著线性负相关关系，X 与 Y_1 的皮尔逊相关系数为 -0.704，直线回归方程为 $Y_1 = 1.291 - 0.259X$；企业政府庇荫度 X 与企业自主品牌产品缺失度 Y_2 存在高度线性正相关关系，X 与 Y_2 的皮尔逊相关系数为 0.775，直线回归方程为 $Y_2 = -1.568 + 0.382X$。

（2）通过对轿车产业和家电产业的产业政府庇荫度、产业自主品牌产品密度的测量和计算，得到轿车产业的政府庇荫度为 3，自主品牌产品密度为 0.560，家电产业的政府庇荫度为 1，自主品牌产品密度为 1，据此可以断定，高政府庇荫度的汽车产业自主品牌产品密度低，低政府庇荫度的家电产业自主品牌产品密度高。

（3）对于政府庇荫的来源，通过历史回顾，论证政府庇荫是计划经济的必然产物，并且在转轨经济中日益明显。汽车产业政府庇荫在转轨经济过程中的放大，主要通过产业进入限制、合资资格等政府对大型汽车国企的政策倾斜实现。

（4）对于轿车产业政府庇荫导致自主品牌产品缺失的机理，通过分析认为沿以下路径进行：国有企业政府庇荫与生俱来—开放条件下合资成为大型国有轿车企业的一种垄断资源—轿车产业中"企业家"的政治目标与企业家精神相违背—"比较优势"的立竿见影—合资目的的淡化—有偏差的"市场换技术"产业政策的失败—自主品牌产品缺失。

（5）中国轿车产业政府庇荫的表层危害是自主品牌缺失，深层的危害主要有经济全球化条件下的贫困性增长以及产业内的寻租行为加剧。

（6）政策建议。通过对三个轿车自主品牌企业的案例分析，提出汽车产业中必须进行增量改革的政策建议；关于中国汽车产业的自主品牌的发展路径，首先要摒弃"市场换技术"的指导思想，通过建立公平高效的政府、充分竞争的市场，彻底清除政府庇荫，让各种资产构成的汽车生产企业公平竞争，让市场竞争压力转化为产业升级的可靠动力。其中，公平高效的政府是公平竞争的前提，公平竞争是自主品牌必由之路，自主品牌则是产业升级的可靠路径。

第二节　研究局限

（1）对"政府庇荫"的定义有待进一步深化，以挖掘其中深刻的含义。作为一项探索性研究，出于数据可得性的原因，仅用五个属性来描述、测量政府庇荫度，研究显得有些单薄。其实政府庇荫度的属性可谓丰富多彩，在资源许可的情况下，设计出内容更为全面的问卷，可以更深刻地揭示政府庇荫与企业（或产业）间的关系，这可成为下一步深入研究的方向。

（2）在第五章产业政府庇荫与自主品牌缺失的实证中，只采集了轿车产业和家电产业的数据，实际上这里存在大量研究空白。可在政府庇荫视角下，对整个宏观经济或若干产业进行比较研究。

（3）在第六章的机理分析中，尽管力求全面深刻，但是呈现出来的分析讨论仍有泛泛而谈之嫌，这也有待笔者继续开阔视野、广泛阅读、深入研究。

附 录 2010 年中国基本型乘用（轿车）分品牌产销量

序号	生产企业	产品	技术来源	产量	销量
1	北京奔驰汽车有限公司	奔驰 C1.6L	德国戴姆勒汽车公司	7 525	7 290
		奔驰 C1.8L		17 654	17 414
		奔驰 C2.5L		2 136	2 112
		奔驰 C3.0L		993	988
		奔驰 E1.8L		1 930	1 850
		奔驰 E3.0L		9 502	9 202
		合 计		39 740	38 856
2	北京现代汽车有限公司	I301.6L	韩国现代汽车有限公司	19 002	19 715
		I302.0L		31	143
		领翔 2.0L		20 554	21 874
		领翔 2.4L		679	470
		名驭 1.8L		15 642	15 432
		名驭 2.0L		23 217	23 449
		瑞纳 1.4L		45 024	43 006
		瑞纳 1.6L		1 377	1 351
		索纳塔		0	4
		雅绅特		68 122	68 463
		伊兰特三厢 1.6L		152 729	15 2641
		御翔		3 306	3 309
		悦动三厢 1.6L		231 176	231 381
		悦动三厢 1.8L		1 897	1 963
		合 计		582756	583201
3	本田汽车（中国）有限公司①	爵士 1.2L	日本本田汽车有限公司	13 258	13 142
		爵士 1.4L		11 858	11 867
		合 计		25 116	25 009

---

① 本田汽车（中国）有限公司成立于 2003 年 9 月 8 日，是中国汽车史上首个产品 100% 出口的企业。公司由广州汽车集团有限公司、东风汽车集团股份有限公司、本田技研工业株式会社、本田技研工业（中国）投资有限公司合资成立。

（续上表）

序号	生产企业	产品	技术来源	产量	销量
4	比亚迪汽车有限公司	比亚迪 E6	自主开发	77	63
		比亚迪 F0		148 691	148 457
		比亚迪 F3DM		405	417
		比亚迪 F 两厢 1.5L		48 649	48 884
		比亚迪 F 两厢 1.6L		2 618	2 625
		比亚迪 F 三厢 1.5L		201 239	201 689
		比亚迪 F 三厢 1.6L		10 909	10 749
		比亚迪 F61.8 L		6 743	6 649
		比亚迪 F62.0 L		41 633	41 639
		比亚迪 F62.4 L		3 350	3 363
		比亚迪 G1.5L		48 821	48 846
		比亚迪 G1.8 L		1 610	1 570
		比亚迪 L1.5L		1 407	656
		比亚迪 L1.8 L		1 826	1 472
		比亚迪 S8		92	8
		合计		518 070	517 087
5	江西昌河汽车股份有限公司	爱迪尔	日本铃木汽车公司	855	1 334
		北斗星 1.0L		17 461	17 121
		北斗星 1.2L		96	0
		北斗星 1.4L		53 057	54 218
		利亚纳两厢 1.4L		3 392	2 169
		利亚纳两厢 1.6L		1 060	1 339
		利亚纳三厢 1.4L		86	0
		利亚纳三厢 1.6L		370	476
		合计		76 377	76 657
6	长安福特马自达汽车有限公司	福克斯两厢 1.8L	美国福特汽车公司	83 942	84 408
		福克斯两厢 2.0L		4 018	4 202
		福克斯三厢 1.8L		82 412	82 993
		福克斯三厢 2.0L		688	667
		蒙迪欧致胜 2.0L		1 115	1 110
		蒙迪欧致胜 2.3L		49 725	50 476

（续上表）

序号	生产企业	产品	技术来源	产量	销量
6	长安福特马自达汽车有限公司	新嘉年华两厢 1.3L	美国福特汽车公司	1 826	1 870
		新嘉年华两厢 1.5L		49 964	50 417
		新嘉年华三厢 1.3L		4 651	4 559
		新嘉年华三厢 1.5L		17 947	18 353
		马自达 2 两厢 1.3L	日本马自达汽车公司	2 083	2 120
		马自达 2 两厢 1.5L		8 388	8 331
		马自达 2 三厢 1.3L		1 803	1 883
		马自达 2 三厢 1.5L		9 086	9 347
		马自达 3 1.6L		63 336	64 336
		马自达 3 2.0L		4 254	4 281
		沃尔沃 S40 2.0L	瑞典沃尔沃汽车公司	5 425	5 332
		沃尔沃 S40 2.4L		71	146
		沃尔沃 S40 2.5L		13	59
		沃尔沃 S80 2.0L		689	299
		沃尔沃 S80 2.5L		10 301	10 546
		沃尔沃 S80 3.0L		305	709
		合计		402 042	406 444
7	长安铃木汽车有限公司	羚羊 1.3L	日本铃木汽车公司	41 371	41 644
		天语两厢 1.6L		43 066	43 678
		天语两厢 1.8L		4 438	4 126
		天语三厢 1.6L		18 722	17 775
		天语三厢 1.8L		102	72
		新奥拓		43 463	41 729
		雨燕 1.3L		34 166	34 727
		雨燕 1.5L		14 697	16 262
		合计		200 025	200 013
8	长安汽车股份有限公司	CX20	自主开发	5 084	4 449
		CX30		3 960	3 145
		奔奔 1.0L		7 050	9 112
		奔奔 1.3L		8 082	8 466
		奔奔迷你 1.0L		61 837	61 377

（续上表）

序号	生产企业	产品	技术来源	产量	销量
8	长安汽车股份有限公司	悦翔	自主开发	100 082	103 980
		志翔		3 415	4 069
		合计		189 510	194 598
9	长城汽车股份有限公司	精灵	自主开发	187	303
		酷熊		2 614	2 918
		凌傲 1.3L		7 370	7 292
		凌傲 1.5L		2 491	2 736
		腾翼 C30		73 440	71 689
		炫丽		53 615	54 029
		合计		139 717	138 967
10	东风本田汽车有限公司	思铂睿	日本本田汽车公司	20 657	19 402
		思域		103 359	101 198
		合计		124 016	120 600
11	东风乘用车有限公司	风神 H30	自主开发	8 629	8 230
		风神 S30		18 205	19 454
		合计		26 834	27 684
12	东风日产乘用车公司	玛驰	日本日产汽车公司	18 080	14 705
		新天籁 2.0L		52 835	51 504
		新天籁 2.5L		92 020	89 148
		新天籁 3.5L		161	190
		新阳光		1 857	0
		轩逸		143 248	142 511
		颐达		68 528	69 289
		骊威		111 501	111 114
		骐达		85 104	84 617
		合计		573 334	563 078

（续上表）

序号	生产企业	产品	技术来源	产量	销量
13	神龙汽车有限公司	C21.4L	法国雪铁龙汽车公司	8 154	8 107
		C21.6L		4	4
		C5 三厢 2.0L		3 291	3 363
		C5 三厢 2.3L		29 486	31 067
		C5 三厢 3.0L		491	571
		爱丽舍		72 001	71 819
		凯旋		2 627	2 713
		世嘉 1.6L		17 638	17 518
		世嘉 2.0L		1 666	1 661
		世嘉三厢 1.6L		80 140	79 567
		世嘉三厢 2.0L		7 618	7 611
		标致 2061.6L	法国标致汽车公司	3	3
		标致 207 两厢 1.4L		16 191	15 817
		标致 207 三厢 1.4L		21 290	20 706
		标致 207 两厢 1.6L		3 135	3 067
		标致 207 三厢 1.6L		2 384	2 285
		标致 307 两厢 1.6L		27 105	26 887
		标致 307 三厢 1.6L		36 176	35 836
		标致 307 两厢 2.0L		1 861	1 490
		标致 307 三厢 2.0L		1 489	1 293
		标致 408 三厢 1.6L		12 802	11 916
		标致 408 三厢 2.0L		30 779	30 065
		合计		376 331	373 366
14	东风悦达起亚汽车有限公司	福瑞迪 1.6L	韩国起亚汽车公司	108 342	105 602
		福瑞迪 2.0L		154	149
		锐欧 1.4L		44 170	43 685
		锐欧 1.6L		409	337
		赛拉图 1.6L		71 115	70 168
		赛拉图 1.8L		2	6
		赛拉图 5 门 1.6L		13 131	12 573
		秀尔 1.6L		16 384	17 030
		秀尔 2.0L		256	234

（续上表）

序号	生产企业	产品	技术来源	产量	销量
14	东风悦达起亚汽车有限公司	远舰 1.8L	韩国起亚汽车公司	3 048	3 011
		远舰 2.0L		327	325
		合计		257 338	253 120
15	东南（福建）汽车工业有限公司	戈蓝	日本三菱汽车公司	256	2 209
		蓝瑟		5 257	4 812
		蓝瑟翼神		24 864	24 690
		菱悦		74 169	75 794
		合计		104 546	107 505
16	广汽本田汽车有限公司	飞度 1.3L	日本本田汽车公司	17 166	17 321
		飞度 1.5L		16 007	16 254
		锋范 1.5L		127 539	128 243
		锋范 1.8L		4 435	4 402
		歌诗图		2 660	2 264
		思迪		0	3
		雅阁 2.0L		104 270	105 144
		雅阁 2.4L		67 968	66 576
		雅阁 3.5		4	8
		合计		340 049	340 215
17	广汽丰田汽车有限公司	凯美瑞 2.0L	日本丰田汽车公司	84 612	84 789
		凯美瑞 2.4L		75 951	76 622
		雅力士 1.3L		494	493
		雅力士 1.6L		26 675	26 569
		合计		187 732	188 473
18	贵航青年莲花汽车有限公司	莲花 L3 两厢 1.6L	英国莲花汽车公司	20 412	16 442
		莲花 L3DG 厢 1.6L		14 603	12 113
		合计		35 015	28 555
19	哈飞汽车股份有限公司	路宝 1.0L	委托国外开发	14 815	14 885
		路宝 1.1L		1 645	2 319
		赛豹		1 021	1 184

（续上表）

序号	生产企业	产品	技术来源	产量	销量
19	哈飞汽车股份有限公司	赛马 1.3L 赛马 1.5L	日本三菱汽车公司	2 2 981	15 3 176
		合计		20 464	21 579
20	海马（郑州）汽车有限公司	海马王子	自主开发	5 735	5 706
		合计		5 735	5 706
21	湖南江南汽车制造有限公司	江南	日本铃木汽车公司	31 729	28 925
		合计		31 729	28 925
22	华晨宝马汽车有限公司	宝马 3 系 宝马 5 系	德国宝马汽车公司	13 033 42 549	12 944 41 019
		合计		55 582	53 963
23	华晨金杯汽车有限公司	骏捷 1.6L 骏捷 1.8L 骏捷 2.0L 骏捷 FRV 骏捷 FSV 酷宝 中华（尊驰）1.8L 中华（尊驰）2.0L	委托国外设计，自主开发	14 129 17 078 123 89 949 39 225 506 3 661 3 999	13 714 16 450 65 80 827 40 723 845 3 458 3 717
		合计		168 670	159 799
24	浙江吉利控股集团有限公司	TX4 帝豪 EC7 帝豪 EC8 海锋 海景 海尚 海迅 海域 海悦 金刚	自主开发	414 70 193 1 376 185 51 328 936 558 2 731 89 73 970	387 70 011 1 335 196 50 591 966 628 2 943 121 74 106

（续上表）

序号	生产企业	产品	技术来源	产量	销量
24	浙江吉利控股集团有限公司	远景	自主开发	65 121	64 839
		金鹰		13 388	13 332
		熊猫		41 231	41 044
		中国龙		160	86
		自由舰		95 096	95 583
		合计		416 776	416 168
25	安徽江淮汽车股份有限公司	宾悦2.0L	自主开发	2 870	2 989
		宾悦1.4L		78	78
		和悦1.5L		33 812	34 014
		和悦1.8L		35 259	35 317
		同悦		41 440	41 451
		悦悦		3 227	2 648
		合计		116 686	116 497
26	江西江铃汽车控股有限公司	陆风风华	自主开发	1	−4
		合计		1	−4
27	南京汽车集团有限公司	MG－31.4L	收购英国罗孚汽车公司技术	5 600	6 440
		MG－31.8L		120	134
		MG－71.8L		1 591	1 556
		MG－72.0L		13	50
		R350		49 168	42 437
		合计		56 492	50 617
28	奇瑞汽车股份有限公司	QQ30.8L	自主开发	128 194	125 479
		QQ31.0L		15 539	15 255
		QQ31.1L		9 943	10 900
		QQme		330	374
		东方之子1.8L		1 425	1 248
		东方之子1.9L		632	597
		东方之子2.0L		744	1 003
		东方之子2.4L		0	2
		风云1.5L		32 663	33 504
		风云两厢1.5L		40 794	40 501

（续上表）

序号	生产企业	产品	技术来源	产量	销量
28	奇瑞汽车股份有限公司	奇瑞 A1	自主开发	15 067	16 039
		奇瑞 A31.6L		33 863	33 572
		奇瑞 A31.8L		467	452
		奇瑞 A32.0L		395	412
		奇瑞 A3 两厢 1.6L		22 684	23 105
		奇瑞 A3 两厢 1.8L		658	615
		奇瑞 A3 两厢 2.0L		326	336
		旗云 1		31 898	29 861
		旗云 2		70 661	68 930
		旗云 31.5L		64 304	61 651
		旗云 31.6L		7 594	7 447
		旗云 31.8L		33	37
		旗云 32.0L		5 361	5 544
		瑞麒 G5		2 319	2 391
		瑞麒 M1 两厢 1.0L		18 201	17 384
		瑞麒 M1 两厢 1.1L		1	253
		瑞麒 M1 两厢 1.3L		4 855	4 873
		瑞麒 M1 三厢 1.3L		353	338
		合计		509 304	502 103
29	上海大众汽车有限公司	CROSS POLO	德国大众汽车公司	12 062	11 882
		波罗两厢劲情 1.4L		32 210	32 204
		波罗两厢劲情 1.6L		33 633	33 653
		波罗三厢劲取 1.4L		24 970	24 906
		波罗三厢劲取 1.6L		16 138	15 013
		晶锐 1.4L		26 962	23 752
		晶锐 1.6L		16 236	15 526
		郎逸 1.4T		28 960	28 866
		郎逸 1.6L		191 365	191 223
		郎逸 2.0L		31 611	31 526
		明锐 1.4T		20 110	19 713
		明锐 1.6L		77 110	78 201
		明锐 1.8T		6 053	5 934

（续上表）

序号	生产企业	产品	技术来源	产量	销量
29	上海大众汽车有限公司	明锐 2.0L	德国大众汽车公司	8 787	8 312
		明锐 2.0T		1 798	1 066
		帕萨特领驭 1.8T		91 062	89 830
		帕萨特领驭 2.0L		39 950	39 749
		帕萨特领驭 2.8L		1 374	1 392
		桑塔纳 1.8L		98 885	98 187
		桑塔纳旅行车 1.8L		0	176
		桑塔纳志俊		114 946	111 781
		新波罗两厢 1.4L		4 054	3 948
		新波罗两厢 1.6L		4 244	4 229
		昊锐 1.4T		5 757	4 667
		昊锐 1.8T		30 074	28 788
		昊锐 2.0T		3 816	4 341
		合计		922 167	908 865
30	上海汽车集团股份有限公司	MG 3	收购英国罗孚汽车公司技术	84	0
		MG550		1 557	1 532
		MG6		21 894	19 652
		MG750		20	9
		荣威 550		73 777	81 820
		荣威 7501.8T		6 155	6 247
		荣威 7502.5L		393	523
		合计		103 880	109 783
31	上海通用汽车有限公司	别克君威	美国通用汽车公司	0	1
		别克林荫大道 2.8L		0	3
		别克林荫大道 3.0L		3 585	3 372
		别克林荫大道 3.6L		0	1
		别克荣御		0	2
		别克新君威 1.6T		4 161	4 138
		别克新君威 2.0L		45 165	43 605
		别克新君威 2.0T		7 418	7 267
		别克新君威 2.4L		25 482	24 376
		君越 2.4L		0	27

（续上表）

序号	生产企业	产品	技术来源	产量	销量
31	上海通用汽车有限公司	君越 3.0L	美国通用汽车公司	0	1
		凯迪拉克赛威		5 355	5 204
		凯越两厢 1.6L		0	5
		凯越两厢 1.8L		0	3
		凯越旅行车 1.6L		0	1
		凯越三厢 1.6L		229 509	222 485
		凯越三厢 1.8L		0	6
		新君越 2.0T		12 292	11 974
		新君越 2.4L		86 809	84 190
		新君越 3.0L		8 415	8 213
		新赛欧两厢 1.2L		15 469	15 267
		新赛欧两厢 1.4L		6 843	6 680
		新赛欧三厢 1.2L		54 125	53 828
		新赛欧三厢 1.4L		55 819	55 606
		雪佛兰景程 1.8L		54 395	53 778
		雪佛兰景程 2.0L		0	24
		雪佛兰科鲁兹 1.6L		139 115	134 974
		雪佛兰科鲁兹 1.6T		1 994	1 878
		雪佛兰科鲁兹 1.8L		51 455	50 900
		雪佛兰乐骋两厢 1.2L		414	416
		雪佛兰乐骋两厢 1.4L		4 494	4 525
		雪佛兰乐骋两厢 1.6L		94	100
		雪佛兰乐风三厢 1.4L		78 724	77 702
		雪佛兰乐风三厢 16. L		7 666	7 663
		英朗 GT1.6L		22 932	21 073
		英朗 GT1.6T		8 703	8 195
		英朗 GT1.8L		14 942	14 053
		英朗 XT1.6L		16 024	15 451
		英朗 XT1.6T		11 361	11 228
		英朗 XT1.8L		11 027	11 687
		合计		98 3787	959 902

（续上表）

序号	生产企业	产品	技术来源	产量	销量
32	上海通用五菱汽车股份公司	SPARK0.8L	美国通用汽车公司（大宇）	0	3
		SPARK1.0L		33 478	34 038
		SPARK1.2L		39 558	43 759
		合计		73 036	77 800
33	天津一汽夏利汽车股份有限公司	威乐	日本丰田汽车公司	4 816	4 941
		威姿		160	9
		威志 1.3L	自主开发	0	38 566
		威志 1.5L		35 571	8 025
		威志 V2		8 523	166
		夏利 TJ710I	日本大发汽车公司	39 307	39 301
		夏利 TJ710IU		93 236	92 958
		夏利 TJ713IU		68 843	66 394
		合计		250 456	250 360
34	一汽—大众汽车有限公司	CC1.8T	德国大众汽车公司	27	17
		CC2.0T		17 951	17 336
		高尔夫 1.6L		0	1
		高尔夫 A61.4T		34 017	33 060
		高尔夫 A61.6L		21 296	20 733
		高尔夫 A62.0T		3 825	3 724
		捷达		228 005	224 523
		迈腾 1.4T		14 476	14 841
		迈腾 1.8T		52 081	51 396
		迈腾 2.0T		12 862	12 622
		速腾 1.4T		51 355	52 178
		速腾 1.6L		56 290	55 317
		速腾 1.8T		5 250	5 392
		新宝来 1.4T		26 307	25 074
		新宝来 1.6L		147 457	145 835
		新宝来 2.0T		1 146	1 628

（续上表）

序号	生产企业	产品	技术来源	产量	销量
34	一汽—大众汽车有限公司	奥迪 A4L1.8T	德国奥迪汽车公司	4 313	3 829
		奥迪 A4L2.0T		56 232	54 582
		奥迪 A4L3.0L		52	55
		奥迪 A6L2.0T		47 614	47 376
		奥迪 A6L2.4L		50 156	49 941
		奥迪 A6L2.7L		2 703	2 570
		奥迪 A6L2.8L		11 212	11 113
		奥迪 A6L3.0L		4 283	4 353
		合计		848 910	837 496
35	天津一汽丰田汽车有限公司	花冠	日本丰田汽车公司	82 746	82 734
		皇冠 2.5L		35 613	35 767
		皇冠 3.0L		8 870	9 303
		皇冠 4.3L		97	91
		卡罗拉 1.6L		106 142	106 111
		卡罗拉 1.8L		65 717	65 811
		卡罗拉 2.0L		134	131
		普锐斯		0	1
		锐志 2.5L		51 980	51 783
		锐志 3.0L		1	1
		威驰 1.3L		11 632	11 705
		威驰 1.6L		22 883	22 984
		合计		385 815	386 422
36	一汽海马汽车有限公司	福美来	在日本马自达轿车基础上自主研发	60 191	62 010
		海马3		5 291	5 953
		丘比特 1.3L		22 869	23 764
		丘比特 1.5L		4 518	4 877
		合计		92 869	96 604

（续上表）

序号	生产企业	产品	技术来源	产量	销量
37	一汽轿车股份有限公司	奔腾 1.6L	自主开发	82 838	82 576
		奔腾 2.0L		51 025	48 887
		奔腾 2.3L		709	749
		红旗其他（HQ3）		176	193
		睿翼 2.0L		26 969	27 306
		睿翼 2.5L		14 155	15 776
		马自达 62.0L	日本马自达汽车公司	96 737	94 306
		马自达 62.3L		0	63
		合计		272 609	269 856
38	重庆力帆乘用车有限公司	力帆 320	自主开发	12 078	11 899
		力帆 5201.3L		10 736	10 402
		力帆 5201.6L		3 672	3 336
		力帆 520i1.3L		6 171	5 689
		力帆 520i1.6L		374	354
		力帆 6201.5L		12 425	11 640
		力帆 1.6L		14 418	15 069
		合计		59 874	58 389

参考文献

［1］程远. 没有品牌，造多少车都是别人的辉煌［EB/OL］. http：//finance. sina. com. cn/roll/20031029/0800494843. shtml.

［2］中国汽车技术研究中心，中国汽车工业协会. 中国汽车工业年鉴2011［M］. 北京：中国汽车工业年鉴期刊社，2011.

［3］黄乃文，杨永聪."市场换技术"成功了吗？——基于中国汽车产业的经验研究［J］. 科技管理研究，2012，32（14）：26 - 30.

［4］张维迎. 为什么要"保护"民族工业［EB/OL］. http：//www. china. com. cn/review/txt/2006 - 10/12/content_ 7413794. htm.

［5］张维迎. 产权、政府与信誉［M］. 北京：生活·读书·新知三联书店，2001.

［6］林毅夫. 自生能力与国企改革［J］. 领导决策信息，2001（34）：19.

［7］Burt，R. S. . *Structural Holes：The Social Structure of Competition* ［M］. Harvard：Harvard University Press，1992.

［8］边燕杰，丘海雄. 企业的社会资本及其功效［J］. 中国社会科学，2000（2）：87 ~ 99.

［9］张建君，张志学. 中国民营企业家的政治战略［J］. 管理世界，2005（7）：94 ~ 105.

［10］Faccio，M. J. ，McConnell，Masulis，R. . Political Connection and Corporate Bailouts［J］. *Journal of Finance*，2006，61（6）：74 ~ 79.

［11］石军伟，胡立君，付海艳. 企业社会资本的功效结构：基于中国上市公司的实证研究［J］. 中国工业经济，2007（2）：84 ~ 93.

［12］胡旭阳，史晋川. 民营企业的政治资源与民营企业多元化投资——以中国民营企业500强为例［J］. 中国工业经济，2008（04）：5 ~ 14.

［13］江诗松，龚丽敏，魏江. 转型经济背景下的企业政治战略：国有企业和民营企业的比较［J］. 南开管理评论，2011（3）：42 ~ 51.

［14］路风，封凯栋. 为什么自主开发是学习外国技术的最佳途

径?——以日韩两国汽车工业发展经验为例［J］. 中国软科学，2004 （4）：6～11.

［15］江飞涛，李晓萍. 直接干预市场与限制竞争：中国产业政策的取向与根本缺陷［J］. 中国工业经济，2010（9）：26～36.

［16］陈晓萍，徐淑英，樊景立. 组织与管理研究的实证方法［M］. 北京：北京大学出版社，2012.

［17］李培林，姜晓星，张其仔. 转型中的中国企业：国有企业组织创新论［M］. 济南：山东人民出版社，1992.

［18］金碚. 论国有企业改革再定位［J］. 中国工业经济，2010（4）：5～13.

［19］乔尔·S. 赫尔曼. 转型经济中对抗政府俘获和行政腐败的策略［J］. 经济社会体制比较，2009（2）：89～94.

［20］Cheung, Y. L. , Jing, L. H. , Raghavendra, R. P. . Guanxi, Political Connections, and Expropriation：The Dark Side of State Ownership in Chinese Listed Companies［R］. City University of Hong Kong, 2005.

［21］郭小聪. 政府经济学［M］. 北京：中国人民大学出版社，2003.

［22］［英］亚当·斯密. 国富论［M］. 西安：陕西人民出版社，2001.

［23］［英］约翰·穆勒. 论政治经济学的若干未定问题［M］. 北京：商务印书馆，2012.

［24］［英］亚瑟·赛斯尔·庇古. 福利经济学［M］. 上海：上海财经大学出版社，2009.

［25］［英］约翰·梅纳德·凯恩斯. 就业、利息和货币通论［M］. 北京：商务印书馆，1999.

［26］［英］弗里德里希·奥古斯特·冯·哈耶克. 通往奴役之路［M］. 北京：中国社会科学出版社，1997.

［27］谭崇台. 发展经济学概论［M］. 武汉：武汉大学出版社，2001.

［28］黄恒学. 公共经济学［M］. 北京：北京大学出版社，2002.

［29］许云霄. 公共选择理论［M］. 北京：北京大学出版社，2006.

［30］［美］曼瑟尔·奥尔森. 集体行动的逻辑［M］. 北京：格致出版社，2011.

［31］［美］乔·B. 史蒂文斯. 集体选择经济学［M］. 上海：上海三

联书店，1999.

[32]［美］曼瑟尔·奥尔森．国家的兴衰：经济增长、滞胀和社会僵化［M］．上海：上海人民出版社，2007.

[33] 卢现祥．新制度经济学［M］．武汉：武汉大学出版社，2004.

[34]［美］乔治·J. 施蒂格勒．产业组织［M］．上海：上海人民出版社，2006.

[35] 姜达洋，张宏武．现代西方经济学界关于产业政策的有效性的讨论［J］．经济经纬，2009（1）：30～33.

[36]［美］约瑟夫·E. 斯蒂格利茨．社会主义向何处去［M］．长春：吉林人民出版社，1998.

[37]［美］迈克尔·波特．国家竞争优势［M］．北京：华夏出版社，2002.

[38] 张仁琪，高汉初．世界汽车工业：道路·趋势·矛盾·对策［M］．北京：中国经济出版社，2001.

[39] 吕政．借得西风扬征帆：利用外资与发展民族工业［M］．福州：福建人民出版社，2001.

[40] 孙年益．世界汽车浪潮［M］．北京：经济管理出版社，1991.

[41] 史自力．日本汽车产业发展战略研究［M］．北京：经济科学出版社，2005.

[42] 陈淮．日本产业政策研究［M］．北京：中国人民大学出版社，1991.

[43] 李一峰．车行天下：国际车业十大实力品牌发展战略［M］．杭州：浙江大学出版社，2004.

[44] 贾新光．中国汽车应冷静思考发展战略问题［J］．时代汽车，2012（2）：35.

[45] 薛可，余明阳，杨珊珊．日本汽车品牌强势之路（上）［J］．企业研究，2004（11S）：61～64.

[46] 薛可，余明阳，杨珊珊．日本汽车品牌强势之路（下）［J］．企业研究，2004（12S）：52～54.

[47] 石永东，陈丽娜，胡树华．国外汽车工业及品牌的基本发展模式对我国汽车工业发展的启示［J］．汽车工业研究，2003（1）：3～7.

[48] 李永钧．揭秘进口车暴利黑洞［J］．沪港经济，2013（9）：60～61.

［49］程振彪．WTO 与中国汽车工业发展对策研究［M］．北京：机械工业出版社，2002．

［50］王伟光．中国工业行业技术创新实证研究［M］．北京：中国社会科学出版社，2003．

［51］王再祥．汽车金融［M］．北京：中国金融出版社，2004．

［52］钱振为．21 世纪中国汽车产业［M］．北京：北京理工大学出版社，2004．

［53］邹广德，庄继德，张开旺，程诚等．汽车工业系统优化与技术创新［M］．北京：机械工业出版社，2004．

［54］张占斌．比较优势：中国汽车产业的政策模式战略［M］．北京：清华大学出版社，2004．

［55］陈清泰，刘世锦，冯飞等．迎接中国汽车社会：前景·问题·政策［M］．北京：中国发展出版社，2004．

［56］武康平，费淳璐．WTO 框架下中国汽车经济的增长极［M］．北京：经济科学出版社，2002．

［57］白仲林，王文莲．中国汽车工业的市场分析与战略优化［M］．北京：中国财政经济出版社，2003．

［58］彭勃．中国汽车产业创新系统演进与绩效研究［D］．清华大学博士学位论文，2012．

［59］周莹．中国汽车产业创新政策体系及其系统失灵研究［D］．华中科技大学博士学位论文，2011．

［60］王龙．中国汽车产业国际竞争力研究［D］．武汉理工大学博士学位论文，2006．

［61］佟岩．从模仿学习到自主创新［D］．辽宁大学博士学位论文，2007．

［62］张嘉玮，朱盛镭．中国汽车产业升级与外资战略转型探索［J］．上海汽车，2012（2）：45～49．

［63］邓曙．WTO 过渡期后中国汽车工业的环境与对策［J］．当代经济，2006（11S）：31～32．

［64］周明安，赵志刚，魏小华．入世后中国汽车工业的营销模式和对策研究［J］．交通科技与经济，2005（2）：48～50．

［65］马永红，王静．提升中国汽车工业国际竞争力对策研究［J］．技术经济，2005（6）：27～29．

［66］戴金平，孟夏，万志宏．WTO 与中国产业发展［M］．天津：天津大学出版社，2003．

［67］郭克莎等．新时期工业发展战略与政策［M］．北京：人民出版社，2004．

［68］王岳平．开放条件下的工业结构升级［M］．北京：经济管理出版社，2004．

［69］王允贵．WTO 与中国贸易发展战略［M］．北京：经济管理出版社，2002．

［70］侯云先，王锡岩．战略产业博弈分析［M］．北京：机械工业出版社，2004．

［71］［美］大卫·艾克，爱里克·乔瑟米赛勒．品牌领导［M］．北京：新华出版社，2001．

［72］［美］斯图尔特·克莱纳，德·迪尔洛夫．如何打造品牌的学问［M］．西安：陕西师范大学出版社，2003．

［73］［美］菲利普·科特勒．营销管理［M］．北京：中国人民大学出版社，2012．

［74］高旭东，吴贵生．对如何发展自主品牌不同观点的分析［EB/OL］．http：//www.docin.com/p－722499929.html.

［75］朱盛镭，王晶．跨国汽车公司全球化研发态势及其在华研发活动效应分析［J］．汽车工程，2010（3）：270～275．

［76］中国工程院．私人轿车与中国［M］．北京：机械工业出版社，2003．

［77］胡树华，刘磊．车到"关"前路何在：中国加入 WTO 汽车工业环境分析与对策研究［J］．世界汽车，2000（2）：1～4．

［78］陈光祖．自主品牌汽车的历史使命［J］．中国汽车界，2011（11）：28．

［79］陈光祖，马亮．汽车产业需要"车谷"［J］．时代汽车，2008（2）．

［80］路风，封凯栋．发展我国自主知识产权汽车工业的政策选择［M］．北京：北京大学出版社，2005．

［81］Iansiti, Marco. *Technology Integration*［M］．Boston：Harvard Business School Press, 1998．

［82］张岩鸿．市场经济条件下政府经济职能规范研究［M］．北京：

人民出版社，2004.

［83］［美］保罗·A. 萨缪尔森. 经济学［M］. 北京：中国发展出版社，1992.

［84］［美］Fred R. David. *Strategic Management*［M］. 北京：清华大学出版社，2001.

［85］［美］迈克尔·波特. 竞争战略［M］. 北京：华夏出版社，1997.

［86］林志钧. 中国家电品牌国内市场份额已超越外资［EB/OL］. http：//info. homea. hc360. com/2012/03/311010888386. shtml.

［87］芳萱. 浅论家电行业市场结构及竞争力格局［J］. 轻工标准与质量，2011（5）：7~10.

［88］芳萱. 2010 年家电行业步入高速发展［J］. 轻工标准与质量，2011（2）：24~25.

［89］商报. 2013 年我国家电行业出口情况［EB/OL］. http：//www. acs. gov. cn/sites/aqzn/aqjxnr. jsp？contentId = 2790010034219.

［90］北京商报. 家电产品市场集中度全国最高［EB/OL］. http：//finance. ifeng. com/news/industry/20120319/5766348. shtml.

［91］李晓钟，张小蒂. 中国汽车产业市场结构与市场绩效研究［J］. 中国工业经济，2011（3）：129~138.

［92］边杨，杜志斌. 中国汽车产业规模及市场集中度的思考［J］. 汽车工业研究，2012（10）：17~21.

［93］李怀祖. 管理研究方法论［M］. 西安：西安交通大学出版社，2004.

［94］薛声家，左小德. 管理运筹学［M］. 广州：暨南大学出版社，2000.

［95］中国企业联合会，中国企业家协会. 2012 年中国企业 500 强排行榜［EB/OL］. http：//baike. baidu. com/view/8962461. htm？.

［96］景维民. 从计划到市场的过渡——转型经济学前沿专题［M］. 天津：南开大学出版社，2003.

［97］陈荣荣，李启英. 马克思主义经济学原理［M］. 北京：首都经济贸易大学出版社，2003.

［98］张鹏飞，徐朝阳. 干预抑或不干预？——围绕政府产业政策有效性的争论［J］. 经济社会体制比较，2007（4）：28~35.

［99］张娟. 我国汽车产业自主创新的路径探索［J］. 汽车工业研究，

2009 (1)：19~20.

[100] Barney, Jay. Firm Resources and Sustained Competitive Advantage [J]. *Journal of Management*, 1991, 17：99 – 120.

[101] 吴文锋，吴冲锋，芮萌. 中国上市公司高管的政府背景与税收优惠 [J]. 管理世界，2009 (3)：134~142.

[102] 卢达溶. 工业系统概论. [M]. 北京：清华大学出版社，1999.

[103] [美] 罗纳德·哈里·科斯. 企业、市场与法律 [M]. 上海：格致出版社，上海三联书店，上海人民出版社，2009.

[104] [美] 罗伯特·蒙代尔. 蒙代尔经济学文集（第4卷）[M]. 北京：中国金融出版社，2003.

[105] 芮明杰. 国有企业战略性改组 [M]. 上海：上海财经大学出版社，2002.

[106] 江乾坤，雷如桥. 吉利控股集团系列跨国并购融资创新案例研究 [J]. 会计之友，2013 (12)：33~38.

[107] 杨桂菊，刘善海. 从 OEM 到 OBM：战略创业视角的代工企业转型升级 [J]. 科学学研究，2013 (2)：240~249.

[108] 田志龙，李春荣，蒋倩等. 中国汽车市场弱势后入者的经营战略——基于对吉利、奇瑞、华晨、比亚迪和哈飞等华系汽车的案例分析 [J]. 管理世界，2010 (8)：139~152.

[109] 蒋玉石，康宇航. 适配型创新模式研究：基于奇瑞集团的案例分析 [J]. 科技进步与对策，2013，30 (5)：6~10.

[110] 吴敬琏. 当代中国经济改革战略与实施 [M]. 上海：远东出版社，1999.

[111] 黄建宏，赵玮萍. 外资并购对中国汽车产业安全的影响与对策分析 [J]. 西南交通大学学报（社会科学版），2009 (3)：76~79.

[112] Raúl Prebisch. The Economic Development of Latin America and Its Principal Problems [J]. *Economic Bulletin for Latin America*, 1962, 7 (1)：1 – 11.

[113] 王如忠. 贫困化增长：贸易条件变动中的疑问 [M]. 上海：上海社会科学院出版社，1999.

[114] 兰菁. 国际贸易理论与实务 [M]. 北京：清华大学出版社，2003.

［115］Ngo, Tak - Wing. Rent - seeking and Economic Governance in the Structural Nexus of Corruption in China ［J］. *Crime, Law and Social Change*, 2008, 49: 27 -44.

［116］Raymond Vernon. International Investment and International Trade in the Product Cycle ［J］. *Quarterly Journal of Economics*, 1960 (4): 80 -91.

［117］［日］小岛清. 对外贸易论 ［M］. 天津: 南开大学出版社, 1997.

［118］Stephen Herbert Hymer. *International Operation of National Firms: A Study of Direct Foreign Investment* ［M］. Cambridge: M. I. T. Press, 1976.

［119］［英］彼德·J. 巴克利, 马克·卡森. 跨国公司的未来 ［M］. 北京: 中国金融出版社, 2005.

［120］Gereffi, G. International Trade and Industrial Upgrading in the Apparel Commodity Chains ［J］. *Journal of International Economics*, 1999 (48): 53 -60.

［121］Humphrey, J, Schmitz, H. Governance and Upgrading: linking industrial cluster and global value chain research. IDS (Institute of Development Study, University of Sussex) Working Paper. 2000.

［122］张辉. 全球价值链下地方产业集群升级模式研究 ［J］. 中国工业经济, 2005 (9): 11 ~ 18.

［123］John Humphrey, Olga Memedovic. *The Global Automotive Industry Value Chain: What Prospects for Upgrading by Developing Countries* ［M］. Vienna: United Nations Industrial Development Organization, 2003.

［124］中国汽车工业协会. 中国汽车发展战略研究 ［M］. 北京: 机械工业出版社, 2013.

［125］张小蒂, 贾钰哲. 全球化中基于企业家创新的市场势力构建研究——以中国汽车产业为例 ［J］. 中国工业经济, 2011 (12): 143 ~ 152.

［126］周煜, 聂鸣. 基于全球价值链的中国汽车产业升级路径分析 ［J］. 科技进步与对策, 2007 (7): 83 ~ 87.

［127］Kim Linsu. Building Technological Capability for Industrialization: Analytical Frameworks and Korea's Experience ［J］. *Industrial and Corporate Change*, 1999, 8 (1): 257 -263.

［128］束克东, 辛昌茂. 基于模块化生产方式的创新机制研究 ［J］. 合肥工业大学学报 (社会科学版), 2007, 21 (4): 48 ~ 51.

［129］程文, 张建华. 中国汽车产业模块技术发展与产业升级 ［J］. 中国软科学, 2010 (4): 44 ~ 49.